为 人 生 提 供 领 跑 世 界 的 力 量

BLACK SWAN

人脉
是设计出来的

实战篇

张超◎著

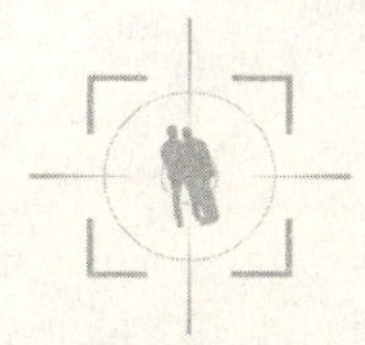

吉林出版集团
北方妇女儿童出版社

图书在版编目（CIP）数据

人脉是设计出来的. 实战篇 / 张超著 . ——长春: 北方妇女儿童出版社, 2012.4
ISBN 978-7-5385-6282-8

Ⅰ. ①人… Ⅱ. ①张… Ⅲ. ①人际关系学－通俗读物
Ⅳ. ①C912.1-49

中国版本图书馆 CIP 数据核字 (2012) 第051197号

人脉是设计出来的. 实战篇

作　　者　张　超
出 版 人　李文学
责任编辑　王玉全
封面设计　柏拉图
开　　本　635mm × 965mm　1/16
字　　数　180千字
印　　张　13.5
版　　次　2012年5月第1版
印　　次　2013年1月第5次印刷

出　　版　吉林出版集团
　　　　　北方妇女儿童出版社
发　　行　北方妇女儿童出版社
地　　址　长春市人民大街4646号
　　　　　邮编：130021
电　　话　总编办：0431-85644803
　　　　　发行科：0431-85640624
网　　址　www.bfes.cn
印　　刷　三河市文通印刷包装有限公司

ISBN 978-7-5385-6282-8　　　　定价：28.00元

序

为了写这本书，我把记忆中的名人、成功人士，还有出身寒门、鲤鱼跳龙门的朋友以各种借口寻访了一遍，我再三地让他们补充对设计人脉的看法和行之有效的案例。为了增加这本书内容的“实战性”，我从大量的材料中去粗取精，选取最有用的内容放进这本书中。

正确的观点配合正确的行动才能收获好的结果，这本书也有我个人多年的思考和沉淀。当年的我，跟现在的很多年轻人一样，迫切渴望成功，压力重重，虽然不清楚自己能走多远，但不屑于重复的生活。当时我眼睛里看到的、耳朵里听到的，和现在一样，都是些短短几年就出人头地者的传奇故事。那些故事有很多虚构的部分，被严重刺激后，为了放松自己的神经，我又给自己找借口，最能自我安慰的，就是遇到一个有能力的人的时候，自欺欺人：“他四十岁才混到这么好，我到那个岁数，也能什么都有了。”如果不幸看到同龄人的成功故事，我就通常这样自我安慰：“他肯定是家里有关系。不然不可能。”

这都不是正确的态度，所幸后来我遇到了生命中许许多多的贵人，他们到达山顶后，没有一味地去喊：“你也能行，你能行，你能行！”而是实实在在地说：“山这么高，我也是靠大家帮忙，一步一步走上来的。”尤其是一些朋友，他们对我敞开心扉，他们用坦率和真诚帮助我看见，并接受这现实。

在这个商业文明的时代，商业是人的事业，由人来驱动和做决定。没有人不努力就能取得大成功，也没有人仅仅靠个人努力就能办大事。

无论遇到什么事，你会发现，你面对的问题都是如何与人相处的问题，人脉就是竞争力。

“贫穷”绝不仅仅意味着缺钱，它更意味着你没有办法跟那些可以帮助你成功的人有任何联系。

口袋空空不可怕，我们要先武装自己的大脑，当我们把一切准备好了的时候，全世界最好的东西就会迎面而来，并被你牢牢掌控！一定要有这个信心，如果没有这个信心，以为自己“谁也不认识”，那将来就真的“谁也不认识了”。

在你走向想要的生活之时，愿这本书成为你的陪伴！

人脉是设计出来的实战篇

目录

CONTENTS

第一章
包装自己：以最快的速度打入人心

第二章

人情练达：收支平衡才能走得远

第一章 包装自己：以最快的速度打入人心

一技傍身：交换资源

成功的人都是不怕麻烦的人

有一位读者曾经问我这样一个问题："张老师，如何能有人脉？"

我问他为什么要人脉。

他说："有了人脉，我就能做许许多多的事情。"

我对他说："这个想法把顺序搞反了，做了许许多多的事情之后，才能有人脉。"

一个人想要成功，最好是有机会认识最少一位成功人士。认识他，不在于你能够从他那里直接拿到资源（资源指的是有用的和稀缺的东西）。认识他，是为了看另一个世界，你会发现这个人的观点与自己狭小世界的观点有很多不同。

多年前，因为工作的原因，我接触了大量的成功人士。我的生活质量和工资收入与他们相差甚远，他们过着很有品质的生活，把时间花在了接触新事物上，真的是在靠头脑赚钱。由于他们的生活超越我太多，让我不会有丝毫妒忌之心。

我当时就深深地感觉到，当一个人拥有了超人的智慧和勇气，并付出了超人的劳动之后，就配得上拥有超人的生活。他们应该享受拥有大豪宅，多辆名车的生活。他们的努力程度与生活水准是匹配的，他们也会改变一个人的人生观。

被他们影响，我当时就认定了自己这一生要做什么样的人：做一个有想法和积极行动的人。

那些成功的人从来不会觉得哪一件事是办不成的。当我和他们在一起的时候，哪怕一件小事、琐事，他们也不会觉得不耐烦的去处理。

举个例子来说，有一次我和一位名人一起吃饭，他要安排一个饭局，当秘书告诉说有点小问题的时候，他不会皱眉头，也不会批评，而是马上给出几个行动建议安排下去，不一会儿就一切安排妥当了。

他们总能迅速解决问题，不但在专业的工作上，在生活的各种事务上，解决问题的能力也一以贯之。

我总结到一个人一定不要被动接受生活，而是要对生活中的一切保持积极的态度。面对新事物的时候，要有参与其中的兴奋感。但当我们对自己说“我可能不行吧”，周围也有很多人说“算了，别折腾了，不值得折腾”的时候，我们就会产生退却的心理。

做新的事情都是需要勇气的，不是每个人都会那么大胆地去做，所以需要一些积极的人在前面引导你。我们不需要负面的消息，我们需要果断地去做，叫你什么都不要做的人，你先把他遗忘，放到一个不常联系的位置上。

成功的人的确会用他们真实的人生为你励志。与他们接触，也让我当时明白了什么样的有钱人会受人尊敬，什么才叫真正的名流，不但要有钱喝红酒，还要能对红酒的味道说出个所以然。尤其当生活有了一定的品质之后，还要不张狂、不夸张，要懂得放下自己，用自然的姿态待人。

很多年以前，这些成功的人用生活中积累的经验，在关键时刻给了我很多点拨，帮助我改变了人生轨迹。

靠什么吃饭，就靠什么交友

很多年轻的朋友，都苦于没有人脉而焦虑。如何认识成功人士呢？

认识成功人士很容易，难的是在他心中留下一个位置，哪怕只是站的位置。

只知道一个名字和手机号码是没有用的，毕竟能够成为这些人中的一员才应是你的最终目标。

想留下一个位置，就别总想着他能为你做什么，想想你能为他做点什么。

你需要干好手中的事。

如果自己没有真才实学，而要全心全意去维系一张关系网的话，那这张网脆弱得如同在风中飘摇，一个人也容易在这张网里迷失自己。有一技傍身之后，人脉就是机遇，有了人脉，好运就会层出不穷。

我曾经在《人脉是设计出来的》这本书里写过一个方法，很简单，就是想接触谁，就去做谁的忠实读者，看他的文字，思考他的道理。从一个学习者开始，有步骤、有策略地接近他。如果能帮助这个人做一个周围人的看法、分析之类的文件发送过去，那就更完美了。因为大部分成功人士都很关注自己在某一个成功群体中的影响力。

对于职场人来说，一技傍身是最简单、最有效的方法。你的技能是你安身立命之本，也是扩充人脉之本。可能读到这里有朋友会提出疑问，觉得自己从事的工作很冷门，怎么办？举一个有意思的例子给大家，俞敏洪曾经讲过一个故事：他的一个朋友学的是越南语，越南语的确很少用，但所有的中央领导去越南都要找他，因为他是一流的越南语同声翻译专家。

他还有一位大学同学研究蒋介石，研究了10年，穷困潦倒。但后来他去美国作了一个报告，美国方面帮他召开了一个中国现代史人物研讨会，他在报告上讲了自己的研究经过，结果下面一位老教授热泪盈眶。下来后一问，这位老教授也在美国研究了30年蒋介石，孤苦伶仃，就是找不到另一个研究蒋介石的，没想到有个“傻瓜”也在研究蒋介石。于是5万美元一年，让这位同学跟着他在美国读研究生，读了四年的博士生。

读完以后老教授退休，他就成为那所学校的教授。俞敏洪去看他的时候，他已经在纽约买了套小房子，买了辆车娶了个老婆养了条狗。当时他对俞敏洪说，俞敏洪你看现在这一切都是蒋介石“给”的。让人忍俊不禁的同时，引人深思。

马云也是如此，他曾教过一些人外语，马云说他创办阿里巴巴之前积累的原始资本相当一部分是来自于当年的经历，来自于他在夜校兼职时积累下来的人脉资源。马云曾经在很多场合都直言不讳地说，如果没有那些朋友当初的帮助，也就没有今天的阿里巴巴，他们都是阿里巴巴的贵人。

先积累，再交际

生活就是如此，如果你没有人脉，你不妨先做好自己的工作，这是第一步。

想创业也是如此，第一步不是到处找人合伙，而是先问问自己有没有想过具体要闯哪个行业，然后再想一想怎么能接触到这个行业里的顶尖人物。下一步进入这个行业，哪怕一开始在边缘不在中心，去积累一定的人脉和社会经验。最后再去找第一个客户，等等。

总之，先建立好自己的商业形象，在一种令人信任的形象未建立之前，不要贸然地去见什么潜在客户。

让自己先充实起来，一技傍身才能气定神闲。

如果现在还没有到达这种状态，就想想自己的目标，看看为了这个目标，今年能做什么，这个月能做什么，今天能做点什么。

8小时以外决定8小时以内

有心者事竟成

人们都知道有志者事竟成，在这部分的内容中，我要强调，人都要有志，但是更要有心，有心者事竟成。

先来颠覆一下大家对工作的想法。我写职场书，懂得职场的确有特殊的生态，人们需要学习这部分学校不教、老师不会的知识。但是，想要拥有精彩的职场，除了看职场书，还要多关注生活，有时候，8 小时以外决定你的 8 小时以内。你想要让自己脱颖而出，想要让自己拥有一技之长，除了做好本职工作，还要做生活的有心人。

所有的职业落到实处，都是要接地气的，都是服务业。从小处说，是一部分人服务于另一部分人；从大处讲，所有行业都服务于生活。

我有一位朋友是一名很有名气的律师，他平常的生活特别忙碌和枯燥，即便如此，还是积极参加朋友们的聚会。我们以为凭他的身份和地位，不过是敷衍地随便听听我们聊那些没有价值的话题，但实际上他没有这样。我们每次叫上他的原因是，当一群朋友讲一些事情的时候，他也的确投入其中，积极参与话题。他性格很沉稳，却不失好奇心，很有探究心理，聊到一些话题时，还会向我们询问细节。

为了写这本书，我又找他见了一面，聊了很多，突然他聊到近期做的一个工作，让我很有感触。具体案件不方便透露，但是大概情况是朋友胜诉的原因在于他本来并不具备优势，但是因为生活经验比较丰富，他从生活的角度提出了一些问题，为他的当事人，合理地作了一次辩护。怪不得他感慨地说，律师有时候也像酒，越老越香，他年轻的时候，也质疑过，不理解为什么律师越老越吃香。随着工作的展开和生活经历的增多，才明白了其中的奥妙。

越懂生活，你就越讨喜

我有一位朋友，做中高端家装品牌的生意。他带领的设计师一般情况下年龄偏大，唯有一位年轻的设计师令朋友很信任。这位年轻设计师的特点是思想成熟，与他聊天，总让你惊讶于他生活经验的丰富。业主们对他的评价也都很高，认为他想到了自己所想，而且设计出的家居方案，令人生活在其中感到非常舒适。

他不像一般的年轻设计师那么标新立异,而是非常“接地气”。

大部分人家居装修不希望被装修成冷冰冰的酒店，或者为了风格而风格，人们还是对功能的要求多一些，这位设计师就领悟到了这一点。在他看来，一个好的设计师就是如此，除了掌握各种设计风格以外，更多的是要懂得生活的细节，并关注将来使用的细节。

这位设计师永远不会忘记自己刚开始工作时遇到的第一位业

主。在设计厨房的时候,这位业主问他的问题是:“你会做饭吗?”这件小事让他深深领悟到设计是种工作,不是艺术创作,也不是自己评价自己是否做到完美,而是要看真正使用的人需要什么。正如一个不会做饭的人,很难设身处地为业主考虑,设计出使用方便的厨房。

从这件小事开始,这位设计师更加懂得生活。自己因此变得更接地气,成为朋友的“得力干将”。

为了工作,留点时间给生活

你要控制工作时间,留点时间给生活。这不是让你不重视工作,而是可以尝试合理地减少工作时间,例如改变加班的习惯。不加班,工作量没有因此减少,所以就要提高工作效率,你要相信自己能够在今天完成所有事情,并减少工作给自己带来的不必要的压力。

也是因为不加班,你不得不给自己的手头工作设定优先级。并不是所有的事情都必须解决,甚至你会发现,有一些事情,根本就不需要耗费精力去想三天,在有限的时间内,理清核心,抓住重点,问题照样能一一解决。

你还可能因为不加班而正确安排琐事的时间,例如用固定时间看邮件、处理文件、应付一些电话,以及其他一些在每日工作中不可避免又常常被我们忽略计算的时间花费。你专门用固定时间来处理这些事情,这样的设定让你接受工作中必然要出现的琐事,并且减少因此而产生的焦虑。还能用节约下来的大块时间来开展一个重要项目。

如果你做到了以上几点，你会发现，你总有时间陪家人，你总有时间去交际，而且，你总有一个好的心态去发现生活中的细节，成为一个生活内容丰富的人。

8 小时以外，修行你的品位

工作中的 8 小时，决定了我们的专业知识、赚钱吃饭的能力，以及支撑我们作为一个社会人能为这个社会作出的贡献。工作 8 小时以外，除了影响你的工作状态，还能决定我们究竟会成为一个什么样的人。

杨澜曾说过："品位是一个人去观察事物时的态度，同样的东西，不同人的眼光下会出现不同的版本。在某些程度上，一个人的品位与她的气质是相辅相成的，品位的高低取决于一个女孩在日常生活里对新事物的发现。"

品位这件事，不但对于女孩来说重要，对于所有人来说都是很重要的。只有多进入日常生活，你才能收获意想不到的快乐，因为我们有些时候总会发现，"懒人有懒福"。这里有一个故事：一位脾气古怪的富翁来到一个大都市旅游，在到达这个城市的第二天，他又遇见昨天曾经碰到的 6 名农夫。这 6 名农夫正躺在阳光下休息。当富翁走近时，他们抬起头来。富翁决定和他们开个玩笑。如果谁能证明自己是最会休息的，富翁就给他 1000 美元。为了得到奖赏，其中的 5 名农夫跳起来决定比试比试。每个农夫都用各种各样的方法来证明自己正在好好休息。看到这 5 名农夫滑稽地竞争了 1 小时以后，富翁做出了决定：将 1000 美元奖给了第六名农夫，因为他连竞争都没有参加，他才是最会休息的。第六名农夫仍然躺在草地上，读着报纸，享受着阳光。

一次只做一件事，而且充分享受这件事的价值。8 小时以内的工作如此，8 小时之外的休息也应该如此。

惯性决定你能往前滑多远

看书是种惯性，没什么了不起

很多年轻人刚参加工作，在见一些重要人物之前，都会赶紧翻看礼仪书。恶补一些相关礼仪知识，虽然能够发挥一些作用，例如交换名片的礼仪。

但有些东西是无法瞬间学习的，因为一些习惯的改变不是一天两天就能做到的。这种生硬在不经意间流露出来，会影响一个人对你的判断。

只有把一些知识天长日久地学到骨子里，把知识融化成自己的血液那样去运用，你才能够有气场。

我认识一名高管，他现在还保留着每晚看书后再休息的习惯。

有一次出行，我们住在同一个宾馆。一天的奔波后，他又打开了一本书，我问他不累吗，他说并不感觉累。因为看书没大家说得那么伟大，这就是一种习惯而已，如同睡觉之前要洗脸、刷牙一样自然。

的确，如果把看书当成一个伟大的行为，看书是很累的，但如果是一种习惯，看书如同渴了就喝水一样的简单。有了这样的惯性，一个人就不会觉得学习是苦差事，养成了这样的习惯，你的所得、你的收获、你的成长，也就会变得像看书那么自然。

现在回忆自己的大学时光，常常会质疑自己的记忆力，很多专业课的理论，一些名言警句、人生箴言，包括当时老师讲得特别深刻、富有内涵和哲理的话，当时让我激动的很多事情，都变得淡化和平静了。

那么，大学是不是白读了呢？也不是，大学的时光给人的教育很重要，我感谢大学的时光，那段时光给了很多影响我生活的习惯。例如培养出来的一种阅读习惯，让我在很多公开场合，都可以随意地打开一本书，进入到一个阅读的氛围内，读想读的书，在任何地方翻开书都很自然，不会觉得有丝毫的做作和痛苦；那段时间培养的运动习惯，让我至今无论多忙，都有固定的运动日，有空的时候总要带上几位朋友一起出去出出汗，这帮助我处在一个健康的状态下。

这就是惯性给我的礼物。

好习惯让无心变有心

给大家讲个有意思的事情。我有位朋友，性格粗犷，怎么看都不像那种特别体贴爱人的人。有一天与他一起吃饭，之后去了他家，却让我大吃一惊。

那天我们喝完酒，回他家取个材料。他的爱人在家，我找好材料没好意思马上走，就坐在沙发上同他的爱人聊了几句。这个时候，这位朋友去哪里了呢？

他赶紧去了厨房，接着就听到水声。

他爱人笑着对我说："我吃完饭之后，还没有洗碗，就等他回家洗碗呢。"

我的表情还是没有完全掩饰住自己的不自然，他爱人笑着对我解释了几句："一个人的惯性是最重要的，不是说今天我不能洗碗，可是打破他的习惯是不好的。每天我们都有固定的分工，我做饭，他洗碗，他洗碗比我洗得快而且干净。"

离开他家后，我还在想，惯性是一件多么重要的事。这个同事也许不是个体贴的人，但是他的爱人非常聪明，培养了他的惯性。一个人要改变习惯是很难的，这成就了一个爱帮太太洗碗的好男人。

靠惯性驱动，奋斗并不难

生活中很多事情的驱动都是在靠惯性。

成功并不简单，它需要一个人为之付出很多，但是也没有很多人渲染得那么苦。很多人说成功靠毅力，我觉得毅力是对人的一种挑战，很少有人说自己是个非常有毅力的人。

毅力不好培养，理想也没那么经得起折腾。理想的小火苗刚蹿起来的时候，很容易熄灭。如果你说想让小火苗变成烈火，还要忍受巨大的痛苦和付出顽强的毅力才能实现，很多人内心的小火苗可能瞬间就熄灭了。

成功很多时候也靠惯性，如果你有一种很好的生活方式、思考方式，以及做人做事的方式，你就可以靠着这样的惯性不断地收获成功。

如何建立好的惯性呢?

习惯的培养是不容易的，从小的目标做起，你会发现没有想象得那么难。别给自己设置一个特别高的门槛，例如，你要求自己每天都写日记，这样如果你有一天没做到，你可能会因为有一种挫败感，就会放弃整个写日记的计划。

你可以从写周记开始，一周的时光总有几天是你不忙的，周记写好了之后，再争取多总结，逐步过渡到写日记。

在自己的工作中，要把认真当成一种习惯。很多时候，我们有很多的借口，例如一份报告匆匆忙忙写完交上去，一份材料别人给我们之后只是大概扫几眼，然后就迅速答复别人。这样是快，可是省出来的时间我们都干吗了呢?

很多人平时马马虎虎，心里又觉得，如果我有很多时间，把事情做得精细一些也没什么了不起。殊不知就是这些简单的工作，是循序渐进的，其隐隐地会成为今后区分发展的分水岭。

早晚你会发现，如果你以前每次工作都大体差不多地应付，到了另一天，你接到一份工作需要细致、认真地完成的时候，你的能力就达不到了。精耕细作不是口头上说说，你必须要有这个习惯，当你想精耕细作的时候，你才能做得出来。

聪明的人不认为自己的能力有问题，会给自己找更多的借口，但是谁也改变不了这样的事实:漫不经心地对待一份工作，和认认真真地完成一份工作，这在根源上影响你自己对待事情的态度。

干活快的人最后会发现，你认为那个很慢的人，总是运气很好，而自己总是怀才不遇，这是让人很难以接受的。很多公司都需要聪明人，但所有公司都需要一个踏实的人。聪明的人如同段誉的六脉神剑，时灵时不灵，让其他人提心吊胆。但是踏实的人如同乔峰的降龙十八掌，内力浑厚，威力常在。

越主动，越有面子

拒绝是名人工作的一部分

当我们有了一定的能力，需要结交同行业或者非同行业的一些精英的时候，为什么有的人毫无障碍，而有的人感觉寸步难行？

感到困难的人，一般是比较被动的人。他们的联系名单上总是那么几个人，没有进展和增加，他们不会去主动开拓人际关系，无论时间过去多久，他们固定的联系人还是那么几个。

在交往这方面，越主动的人，越愿意与人打交道，而且越来越会与人打交道。这样的人，将来可调动的资源越多，就越有面子。反之，越被动的人自然会越艰难。有一句话说得好：当你认定自己是失败者的时候，就再没有人能帮你成功。

我们如何采取主动呢？这取决于心态上是否准备好了。

准备什么呢？准备好迎接拒绝。

对于很多社会精英来说，如果你发出邀请，被他们拒绝，不必觉得这是一种羞辱，也不用觉得他们伤害了你。你的名字对他们来说，根本没有放在心上，谈不上伤害不伤害。因为对于一些名人来说，他们面对的事务太多了，有太多的人对他们示好，伸出热情的双手，他们无力回报每一个人。对很多名人来说，拒绝就是生活中的一部分内容，就如同吃饭、喝水、睡觉那么简单。

他们成名以前，拒绝了很多诱惑，拒绝了很多凡俗社会的琐碎，成名之后，又需要拒绝很多登门造访的人，包括一些粉丝和崇拜者。

拒绝对于他们就是如此轻松自然，而你对于他们，真的没有那么重要。

攀高，只为摸清标杆在哪里

既然与名人打交道不容易，我们是否要放弃这种接触呢？

当然不是，只要能够接触到一些在某方面的成功人士，你就要尽可能地增加与他们的接触和了解。通过阅读他们周身的空气，你都会收获甚多。

与最好的人接触，你会学习到很多好的待人接物的方法。这么说还是有些笼统，给大家举个例子吧，现在有人让你品评红酒，因为之前你没有喝过好的红酒，对红酒的知识了解得特别少，实际上，你喝了之后，没有一个评价的标准，也无法用专业的语言形容出你所要表达的感受。

这就要求平时多接触，也就是要知道最好的标准在哪里。

与一些行业精英接触，你想办法去跟他合作，就等于你的标准已经在客观上被拔高了。受到了这样的影响，你不得不按照他的标准去工作，并把自己的目标抬高。这会鉴定你对许多事情的看法和态度。

人就是会受影响的，所以为什么很多人要办一些沙龙，并不是因为这个沙龙有多好，自己参加会具体学到什么东西。参加沙龙的人，是为了听到一些人讲的话，高端人士聊天的观点，其实是相互影响的，每个人都要给自己机会去看不同的角度以及观点。

刚接触一些名人的时候，越是面对拒绝，越要放下面子，要更积极、更主动。

想想看，我们的面子究竟有多重要呢？有一些国会议员或地方议员，为了争取选票，他们也要放下所谓的面子，他们不得不走上街头，和每个人谈谈心或聊聊工作上的困难等。这样一来，在这个区域中的支持者就很自然地增加了，从而获得更多的选票。

所以，有时候不要因为一点点的打击就气馁，要给自己准备好自信满满的成功者的姿态，不要总想等我成功了之后才有这种姿态，要带着这种姿态去做事才能成功。当你有了这个姿态，你就会认为，把一件事情做成，比面子重要得多，你就更能放得开自己。

开放的人生，全世界都在为你开放。

只要不表态，你就有机会

很多年前，我约一个名人见面，我给他打电话，报上姓名之后，他说他在忙，晚一些会有时间，让我晚上给他打电话。

晚上的时候，我打电话过去，不但说了自己的名字还简单提了一下找他的原因，他又说自己已经有个重要的安排，让我第二天给他打电话。

第二天中午的时候，我电话打过去的时候，他突然对我说，他在机场，一会儿就要上飞机了，手机会关机，让我下午接近傍晚的时候给他电话。

傍晚的时候，我给他电话的时候，他又说约了人吃饭不方便谈话。

我还是问他什么时候可以联系，他又给了我一个打电话的时间。我当时就说好。

我还记得，当时，坐我旁边的同事看我打一个电话打得这么坎坷的时候，就对我说："还是放弃吧，别打了，这个人的态度就是明显地拒绝和敷衍。拖延一件事就是常用的拒绝的手法。"

在约定的时间，我还是把电话打了过去，最后一次，不但打通了电话，还至少敲定了一件事情，就是下次见面谈事情。

后来不但见了面，做成了那件事，这个人还成为对我帮助非常大的一位贵人。

当你找别人的时候，多余的揣测是没必要的，只要你找的人不表态，你就有机会。当初打电话的过程中，我曾经也感觉到对方可能是敷衍。但是我想，他为什么敷衍，而不直接拒绝我呢，我又不是大人物，拒绝我不算什么难事，这就证明对方在犹豫要不要合作，而且在他生活节奏这么快的情况下，还是不表态，就说明我很有可能赢。

事后，他也的确告诉我，那次的合作对他可做可不做，因为我的电话，变成了一定要决策的一件事情，他本想拖一拖就过去了，因为我的电话和热诚，他还是选择了合作。

所以，主动不是就试一次的事，而是要有耐心多试几次，说不准你手上就有一把能开门的钥匙。

多聊你自己，对方被打动

除了尝试，还要分享一个方法，这也是我长期工作过程中的一个总结。

如果你对自己有信心，就必须掌握每一个与别人相识或见面的机会。

如我所说，一些成功人士，他们拒绝别人约见是很自然的事。

如何让他们的拒绝变得不那么自然，给自己赢得机会呢？

除了很多书上讲的要表达善意，多使用微笑这个通行证之外，还要学会主动分享你个人的一些信息，这样是为了让对方的拒绝变得不那么自然。

还是来给大家举个例子吧。

例如，你在微博上突然收到一个信息，是某个单位的人发出的合作邀请。如果是三言两语的几句话，你可能很轻松地就回绝了。

如果你的邮箱里收到了一封长信，性质同样也是一封合作邀请。但是这封邮件特别长，不但讲到了合作，还讲到了对你的了解，接下来还提到了他个人的经历、见解、想法。面对这封邮件，你还能够轻松地回绝吗？即使你坚定地认为你们没有合作的必要，至少出于尊重和礼貌，在时间不忙的情况下，也应该回一封邮件。

这从表面上看是礼貌，从本质上分析是情感上的压力。因为对方除了公事公办，还讲到了他个人的资料，这样，你就不再是针对一个公司的不合作态度了，而上升到对一个人了解之后的拒绝。于是你不得不更多地考虑到情感的因素。

尤其当对方如果发来的信息中，还有个人的私密的信息，也很信任地告诉了你之后，他就不再是一个你生活中经历的无关痛痒的人了，而会变成一个分享了生命体验的有点儿朋友感觉的人，在面对这个人的时候，你就会有一定的压力。

例子说完了，那么如果你要主动找一个人的时候应该怎么做呢？不妨在合适的情况下，说一说你自己，当然要有节制，不能横生枝节。当对方对你了解的点比较多的情况下，他就会莫名对你有了一点儿责任感。

还可以主动与别人创造关联。据说，美国前总统富兰克林与宾夕法尼亚州立法部门某议员，曾经产生政治对抗和敌视态度，富兰克林就是通过向对方借阅一本十分珍贵的书籍，从而缓和双方的紧张关系，并最后结交为好朋友。

求助他人本身表达了你对他人的知识、能力和品性的肯定和承认，而后期你对他人的回报，更是双方在心灵中建立起一座沟通桥梁的手段。

职场中也常有这样的情况：当你请同事帮个小忙的时候，这位同事和你马上就有了一定的联系，就由两个完全陌生的同事，变得有了一点默契。所以，在自己有难处的时候，要敢于向别人求援，请别人帮忙，这不失为一种主动与人交往的策略和技巧。

当然，在别人为你做了一些事情时，一定不要只是说一声“谢谢”。比如你找人帮忙，但是别人没帮上忙，你也应该视事情的大小，向别人表示更深切的谢意。送上一个小礼物，或是表达你也很想给予他一些他能用得到的帮助，这样你就通过这个事情建立了好的形象。

以上介绍的看似简单的方法，如果因为没有注意或没有意识到而没有这样去做，有可能错失了许多对自己有重要意义的交往机会。所以，发挥你主动的态度吧，你的未来也会越来越主动。

气质是生产力

学会模仿行业明星的气质

现在的社会与十年前不一样，进入到一个视觉化的社会，陌生人不知道你的实际内涵价值，人们关注的是你的外表所传达的气质。你有可能抱怨领导、客户、同事不知道你的真实能力到底怎么样，他们以貌取人，不愿意给你机会。的确，在别人眼中的价值，第一次捕捉的不是实力，是你的气质。

永远不要期望别人能马上知道你的真实价值。一个人的能力要么被低估，要么被高估，而大多数人的能力都被低估了。

想被更多的人认可，那就提高自己的气质。你的气质对了，更多优秀的人愿意和你接触，人脉自然来了。

那么如何做呢？

如果从模仿开始，要选好模仿的对象。

每个人都有自己的气质，每个年龄段的人都有这个年龄段的气质。

气质是可以模仿的，只是选择要谨慎。

明星们聚焦了人们对事情的看法，“时势造英雄”，时代会选择需要它代言的一些明星。

如果我们不是男歌手，就不必模仿周杰伦的气质。也许，他不那么认真，有点儿无所谓的姿态迎合了这个时代的态度。

如果我们不是女艺人，也没必要模仿范冰冰的气质。也许，她的成功被夸大了，因为符合了当下社会，人们对有赚钱能力的大女人的要求。

我们可以学习娱乐圈明星的做事认真的态度，不得不说，在一个容易被人以最高速度遗忘的行业里，学习他们如何扩大粉丝量让自己红得更久，因此学习其中的营销手法是很必要的。

但是从气质来说，这不是我们的“菜”，也不是我们的标准。

我们要模仿的是我们所从事的“行业明星”的气质。

给大家讲个招聘的实例，当硬件（各种证件或者工作经验年限）都差不多的情况下，招聘者怎么判断谁是他要找的人。

无论他们是否承认受影响，第一感觉就是看谁的气质，更像这个圈子里的人。

比如，要招聘一个 IT 人士。面试官的期许总有一个影子，例如穿着简单干净、逻辑性更强一些。多年前 IT 人给我们的印象是西装革履，现在不知道是否因为受国外的影响，服装也趋向放松了，以穿着舒适休闲为主。

如果有两个人在你的面前，一个人穿着和面试官差不多风格的衣服，说话的音调偏低，语速中等，表情淡定，另一个人恰恰相反。你是面试官，你会多花时间在哪一个人身上？

我的一个朋友，他有两个助理，他夸光鲜时尚的女助理眼光好，但是重要的工作他会交给另一个朴素大方的助理。他说，每次见到他的那位妆容亮丽的女助理，他都要克制自己不正确的想法，那就是好像她一上班，就是等着下班去参加一些 Party。

所以，看看你要从事的行业中有哪些明星，看看他们保持着哪一种姿态和装束出现在众人面前，当你用心体会的时候，你会从中发现一些道理。

玩笑与高雅，两样都要会

给大家讲个真实的例子。

我的一位朋友招聘两名大学生，巧的是，这两名大学生毕业于同一所大学，学的是同样的专业，甚至两个人还是老乡。面试、笔试的结果都相同，但是朋友只需要一个人来公司实习。

最后朋友挑选了其中一个大学生做助理设计师。原因很简单，朋友说感觉这个大学生的长相、穿着、语速就更像一个有灵气的设计师的样子。还说在他的公司，很多大牌的设计师就是这样的一种气质。

不得不承认，生活中大部分的人都是视觉动物。

我们都有过这种经历，和某个人第一次见面，聊完之后就感觉投缘。还有的人，没说什么话，就让你感觉不好，感觉谈不到一起。

谈得好的人，往往因为他的气质与你相同。

气质的组成，除了外在的包装，还有内在的影响，例如我们总是喜欢和自己相似的人交往，因为感觉气场相符。尤其对于销售人员来说，有的时候，遇到了一个气质相近的客户，就聊得很投机，生意也会顺利得多。

当然，销售的主要任务就是拜访不同类型的客户，碰到和自己相似的客户的概率实在是太小，那其他的客户我们是不是就束手无策了呢？

其实不然，当两个人的生活不在一个世界上的时候，依然可以利用人类的一些共性，创造出共同语言和话题。

比如你要先了解客户是否和自己有相同的学历背景，是否有共同的挫折经历。一名聪明的销售人员在和客户接触的过程中，总能找到与客户的相似性。

比如在与客户聊天的过程中，销售的肢体语言就会与客户同步，销售的语气语调和说话方式就会和客户趋同，在客户玩笑的时候玩笑，在客户高雅的时候高雅等，这些无非都是在找一些与客户的相似之处，以产生共鸣，最后获得好感。当然这里要提醒的一点是，相似的气质不能生搬硬套，比如，当客户是山西人，销售人员是山东人，偏要说山东和山西是一家人，要以老乡相称，就会让客户产生你在故意套近乎和拉关系的不太好的感觉。

更为重要的是，不同的人策略不同，当对方很放松，很随和的时候，你没有压力。当对方是一个高雅的人，很讲究的人，你的放松就会让别人觉得很“浮”。

一个人由雅入俗不难，一个人由俗入雅很难，平时只有对自己要求严格一些，你才不会在遇到一个高雅的人的时候感觉拘泥和不自然。

提高见识，谈吐定不凡

你想拥有怎样的气质呢？

无论是寻找相似性也好，还是培养自己拥有好人脉的气质，都要做好以下两点功课：

第一点是享受孤独。一个拥有好气质的人，是一个能够享受孤独的人。为什么这么说呢？因为一般人感觉想有好人脉的人一定要能说会道、八面玲珑，实际上不然，那只是浅层次的一些技能。

高层次的气质要求是，能够不怕孤独，喜欢和自己好好相处，能学会调整自己的呼吸节奏、和自己安静地待在一起。这样的人，散发出来的魅力和气质，正是现代人身处一个聒噪的环境中，最令人着迷的一种个人气质。

第二点是提高见识。一个有气质的人，拥有良好的知识背景。与他相处，不会让你的视野停留在家长里短上面，而是会让你感觉世界如此大，天地如此广阔。

从相似性的角度来说，从而进入一个更高级的相似性中，例如，与客户有相似的一项爱好、相似的价值观、相似的人生观、对某些社会问题相似的看法等，这些属于高层次的相似性。

如果能在这些方面与客户达成默契，找到共同语言，客户就会把你视为知己。那么，这种情况下产生的好感是很自然的。而且这种见多识广的气质，会在无形之中，把大量有才能的人吸引到自己身边。

贴好你的标签

名字就是你的脸

我现在写一个词——“智者”。

然后请你闭上眼睛。

我猜你的脑海里会浮现出一个老人的形象，而不是一个孩童的形象。

老人的形象似乎就是智者的一个标签。

标签不是完全无意义的，正如老人阅尽人世沧桑，才有可能沉淀下智慧。

人们找到标签，就能更快地判断事物。

从另一个角度逆推，人们也被某些标签影响，以至于会对别人存在一些有偏差的判断。

例如，我们说起某个很可爱的女孩的时候，我们也不知道为什么会有这样的一个判断。

其实往往只是因为她穿的衣服总是泡泡袖，泡泡袖这个名字就很有女孩子气，让人联想起公主的风格。

不论我们愿不愿意，不论我们怎么看，这个社会高速发展，已经进入了一个标签化的时代。

互联网如此发达，每个人每天会接触大量的信息。我们会发现，人们接受的新鲜事物和刺激性的东西太多之后，“记忆力”没那么好了。很多时候，一个新事件把旧事件迅速地掩埋。连刚出道的明星都要借助一些标签式的符号，来让人们记住自己。

例如，一位小明星的长相非常甜美，再多的形容词都不会被人记住，但是如果说她是某位大牌明星第二，我们迅速就知道了她的风格和气质。当然，此后小明星要突破这个“某某第二”的称号，就是接下来要完成的艰巨任务了。

对于一个普通人来说，要善于用你的名字来给自己贴标签，因为每个人的名字都使用了一些美好的词汇和意象，利用好这种美好，能够帮助别人更好地记忆和理解你。

借用成熟的事物做标签

我有一位朋友做影视行业，他讲到为了一个影片，要去游说投资方的时候，有一些语言的技巧。

有一些投资方是根本没时间听讲电影的精神内涵、故事情节，因为所有的人都会说自己的电影好。

他关心的是电影用了哪一些好的商业元素，这些元素就是后期电影卖座的保证。

最好能用一句话就把这个电影说明白，可以给一个大家不了解的电影贴上标签，例如说这部影片的风格是《××》知名大片的风格，同时又具备了另一个大片《××》的元素，电影中的音乐制作人是《××》大片里的音乐制作人，等等。

投资人瞬间就听明白了是什么意思。

我们也是如此，一个人靠什么让别人记住自己呢，当我们进入一个聚会或者重要场合的时候，我们要尽量使用一个正向的方法，给自己贴上一个好的标签，让人记住自己。

例如，如果别人用的都是圆珠笔，而你用一支钢笔，你给人的印象就很与众不同。钢笔给人的感觉是文化感更重，更具有传统精神。

给大家讲个例子，有位新东方的老师，她毕业的学校不是名校，毕业的时候她去投简历，新东方校长俞敏洪非常看好她，因为她的简历是手写的，破格录用她。而后来有个笑话是说，当时这个女孩用手写，是因为条件所限，打印简历不方便。

想想看，手写的简历给人的感觉是多么的踏实、可信。一份手写简历可能是一个人真诚的标签，鲜明的个人风格对一个人来说太重要了。

我们不妨学习一下，从现在开始，用一点心，给自己贴个小标签。成功地被人记住了，也就成功地被人嫉妒了。

有人贴标签，宁愿为了出位而过火一些，但是对于大部分人来说，太负面的标签不能随便贴，要贴得恰到好处，能更好地传达出你的价值，让别人感觉到你的特别，你要用一个标签来引导出你内在的价值：你很有价值。但是得让别人知道你的核心价值，你要有意无意地引导别人记住并传播你的核心价值，也需要不断地打造并传播自己的核心形象。

当他们有某个方面的需求的时候，第一时间想到你，这个标签就贴成功了。

给每一个优点讲一个故事

标签除了让你被人们记住，还能让你端正对自己的态度。

在第二次世界大战期间，美国由于兵力不足，而战争又的确需要一批军人，于是，美国政府就决定组织关在监狱里的犯人上前线战斗。为此，美国政府特派了几个心理学专家对犯人进行了战前的训练和动员，并与这些犯人一起到前线作战。

训练期间，心理学专家们对他们不过多地进行说教，而特别强调犯人们每周给自己最亲的人写一封信。信的内容由心理学家统一拟定，叙述的是犯人在狱中的表现是如何地好，如何地接受教育，改过自新等。专家们要求犯人们认真抄写后寄给自己最亲爱的人。

三个月后，犯人们开赴前线，专家们要犯人给亲人的信中写自己是如何地服从指挥，如何地勇敢等。结果，这批犯人在战场上的表现比起正规军来毫不逊色，他们在战斗中正如他们信中所说的那样服从指挥，那样勇敢拼搏。

心理学家把这一现象称为“贴标签效应”。也就是说，当你给一件事贴了什么标签的时候，事态就有可能按照标签的方向发展。

你对别人说，我就是个守信用的人，你就要强化这一点，在自己的经历中找出能够论证这一点的论据，这个论据最好是一个小故事。这个故事也会帮你更好地总结自己和把自己呈现给别人。

当一个标签性的事件被人们记住了守信这个点的时候，你就很有收获了，因为这个世界上，信任是一笔巨大的力量。人们愿意把金钱放心地存入银行，愿意把健康托付给医生，这种信任的力量是强大的。

给大家举个例子。

一个领导想了解一个员工的创新能力，员工也想证明自己是具备创新意识的，员工应该如何表达呢。他可以讲一个有代表性的故事，例如讲自己曾经在一件事情中，提出了一个什么点子，或者创新性地解决了一个新问题。在这个故事的讲述中，注意要有细节，把当时的情形、自己的心理变化以及神态都描绘出来。

这个故事就是一个标签，会实实在在地帮到自己。

要功利，不要急功近利

功利让你以终为始

功利在很多人看来都是一个不好的词，但我个人觉得功利没有什么不对。

从大的方面来说，一个人朝着既定的目标做事，围绕一个目标展开活动才不会迷失自己；从小的生活细节来说，哪怕是别人请我们吃一次午餐，也可能是有功利心的。天下没有白吃的午餐，他想通过这餐饭得到一些东西，也许是想得到一点安慰，也许是想交换到一些信息。

功利没什么不对，人生俗世，难以摆脱对名利的追求，而且名利的确会帮助人们实现一些生活梦想。就像网络上流行的一则消息："看报道说，梁朝伟有时闲得闷了，会临时中午去机场，随便赶上哪班就搭上哪班飞机，比如飞到伦敦，独自蹲在广场上喂一下午鸽子，不发一语，当晚再飞回香港，当没什么事发生过，突然觉得这才叫生活。"

一位网友的一条既没牵涉丑闻又跟八卦无关的寻常微博，只是说了一件关于梁朝伟的旧事，却在两天内引来了大量网友的围观。无论消息真假，我们可以看出，想要实现一定程度的淡然和随性的生活，也需要在保证良好生活质量的前提下进行。衣食无忧才能安然恬静，谁有权利来指责一个人对名利的追求呢？

我们做任何事都不能无所求、完全地顺其自然，做事没有功利心是不行的。

我想提醒的是，功利没有错，急功近利反而会坏事。

拿人脉来说，急功近利地想利用别人去得到生意或是其他的东西往往事与愿违。人脉一定要被善用，但是尽量不要被迅速消费，否则每个人想到这事一定会不平衡，自然没有长期交往可言。

如果一个人急功近利，虽然明确自己的目标，但却容易贪图省时省力。殊不知，有的力，一定不能省。

现代生活，人们都崇尚省时省力。例如，以前我们写信给一个人，细腻的情感通过笔端流淌出来，在文字的起承转合间似乎都能看到写信人情绪的流动。现在有了手机、短信、微博，我们会发现，联系多了，感情的分量却轻了。

因为我们省力了，在别人的眼中，自然就轻了。

有的力不能省

有的公司会给客户发资料，会雇人来抄信封。抄信封是个苦差事，可能刚开始写十几封的时候不觉得累，但时间一长，写的字都是一些重复的省名、市名，而不是丰富的文字，那简直是又累又枯燥的工作。

为了不浪费人力，一般情况下，公司找人来外包做这份工作。

既然花钱费力，为什么还是要这么做、一定要人手工写上去呢？

想一想我们在收到各行各业的直邮印刷品广告时的反应，如果信封地址是打印上去的，虽然整齐美观，我们却厌倦这种“印刷品”直邮广告。其实，利用手写的商业印刷品人情味足，有书信特有的亲切感，易被人们所接受，大大提高了直邮广告拆信的比率，效果还是特别明显的。

举这个例子，不是教大家如何写信封，而是要通过这个事情去说明应该如何跟人建立真正的交往关系。

别总想省力，而应该想朝着一定的目标用力。

别贪恋免费的午餐

每个人都有机会接触到一些专业人士。如果有机会认识，应当交换名片，给彼此留个好印象。

这个过程中，要注意自己的言行，宁愿不留印象，也不要留下糟糕的印象。

我曾和一位做心理咨询师的朋友在一次聚会上遇到这样的一件事：当时我们正在聊天，在场的某一位女士，听说朋友是心理咨询师就走过来了，开始和朋友搭讪。朋友是一个涵养非常好的人，面对殷勤的女士提出的问题一直都耐心回答。

可是这位女士似乎越来越有兴趣了，她完全忽视了我的存在，问题越来越多。这时候，我发现朋友的态度有点不耐烦了。因为我了解朋友，他不耐烦的表现通常不是冷言冷语地面对别人，而是态度变得沉默。朋友越来越沉默，即便这样，这位女士似乎还是很有兴致。

直到最后，朋友的话越来越少，说出来的字少到个位数的时候，这位女士居然还是纠缠着不放。朋友终于失去了耐性，冷静地说："您如果还想做更多的咨询，请联系我的助理，让她告知您咨询费的情况，预约上门咨询吧。"

听完这句话，这位女士才连忙点头离开了。

虽然这位女士影响了我们谈话的心情，但是却给我提供了一个案例。生活中，每个人对自己的生活或多或少有一些疑问。当他遇到专业人士，例如律师、职业规划师、心理咨询师……难免会有点兴奋。

但是不要在第一次见面的时候，就迫不及待地向他人咨询。因为对方的工作很明显属于可以收咨询费的工作，如果过多地询问专业上的建议，就会让人感觉趁机占便宜，给人一种不礼貌、没分寸的感觉，会招来对方的不屑。

更何况在聚会的场合，多数人抱着放松心情以及交际的目的来，忽然感觉自己还要有工作上的心态，难免会破坏掉原来的心态，这个人也会给人以不知趣的印象。

合理的方法是互留名片，并且约定时间专程登门求教。你所表现出来的尊重专业的态度，必能让对方对你留下很好的印象，提供的服务也会非常周到。

总之，人们在最初相处的时候，该花的力气要花，该付出的时间和金钱要付，这样才能形成一份好感。这份好感就将是你日后为人处世，最有效和积极的一份影响力，也是在后期形成友谊的基础。

当然不能急功近利，如果你引起了对方的反感，那么你在这之前所做的所有努力都白费了，不管你的出发点有多好。

性格无优劣，用法各不同

性格不同，各有妙招

一家公司里有两名业务员很特别，这两个人的性格非常不一样。

其中一个女孩性格非常外向开朗，从她进公司的第一天起，大家都纷纷说这绝对是一个好业务的苗子。

还有一个男孩生性木讷，说话的时候都会脸红，作为一个男性，这样的内向让大家非常不看好。

因为性格的不同，两个人的工作方法也不一样。

这个女孩常常不在公司，她愿意往外跑，而且也喜欢和客户打交道，客户们也多次在公司的领导面前表示对她的欣赏。因为她和客户接触不久之后，基本上就对客户的爱好、性格、经历牢记于心，说话和做事的时候自然能够投其所好。

再加上女孩本身又很活泼，有很多爱好，碰到喜欢聊电影的客户，女孩对电影能够侃侃而谈，碰到喜欢聊历史的客户，小女孩对历史事件也能说出自己的几点看法。就这样，一来二去，女孩赢得了很多客户的赞赏和信任。

那个男孩平时一般都在公司待着，他也会定期打电话，写邮件给客户，领导多次找他聊天，向他暗示应该多出去跑跑，可是男孩还是很木讷、迟钝，继续在公司里待着。直到季度总结，领导看到男孩的工作业绩，再也忍不住批评了他，而且还是很严重地指责他，说简直不知道他天天都在干什么。

就算这样，男孩也没有说什么。有人说，不是看在他毕业于名校，早就不再给他机会，应该请他走人了。

没想到，当公司决意要让他离开的时候，一位潜在的大客户居然点名要和这个男孩谈一次业务。

这的确让人意想不到，这其中有这样一个故事：这位潜在客户最早就是男孩发现的，因为他长期关注这家公司的报道，他感觉有可行性，终于写了多封邮件，诚意拳拳，最终联系上了这家公司的负责人。

后来男孩独立去谈事情，他本来一说话就脸红，口才表达能力又差，于是合作就中止了。当男孩汇报了这件事情之后，领导层觉得这毕竟是个大客户，于是就指派了老练的业务员来跟进。跟进效果并不怎么样，这位客户的事情就暂时搁置了。

没想到后来客户主动要约这个男孩谈，这让公司的人大跌眼镜。这次男孩居然把这一笔业务谈成了，而且是独立操作，没有任何差错、顺利地谈下了这一笔大业务。

客户说这小伙子一看就诚实，让人信赖，和公司派来的其他业务员相比，他最老实。他报的价，没有多少水分。想想看，一个说话都脸红的人，怎么会撒谎呢？

就这样，两个性格不同的人，都成功地完成了业绩。女孩是灵活变通，男孩是稳中求胜。这都是基于对自己性格的了解，制定出的合理策略。

每个人都应该认清自己性格中的优劣，利用自己性格中的闪光点，模拟出对方的心理感受，从而达到对他人心理的一种把握。这样也就基本控制了事态。

提高质量，精简社交数量

社交对于内向的人来说，是一件有压力的事情。越是如此，越应该精减社交的数量，提高质量。

精减数量是对内向的人的一种保护和调整，内向的人享受和自己相处的时光，实际上，把自己的生活中塞满了交际的人，容易泯灭自身性格中的闪光之处。

如果内向的人能学会在少的时间内，关注少的人，提高交际的质量，会得到更好的人脉。

交往的人太多，不见得一定是好事儿。不是你接触的所有人都会发展成比较稳定的社会关系。如果你把每个接触的人都记住，都发展成稳定密切的人际关系，你会觉得特别辛苦，身心俱疲。

接触到一个人的时候，如果那时候你很需要帮忙，或者他给你的感觉很好，才可以继续保持一些联系。逢人就交往、就套近乎，这恰恰是不成熟的表现，因为没有了解到别人有没有交往的需要。

交往也意味着你要占用别人的时间。当然，别人也要占用你的时间，你需要用时间来接触他、了解他，还要有很多共同走过的时间来体会这段交往。精简数量，提高质量，因为你分享的是自己的生命。

不必东奔西走地交际，而要找准精确目标。

当找准目标，参加目的性强的活动时，要学会全力以赴。还要加深这种交往，让关系变得坚固、紧密、可靠。

最后，还要注意的是包容活跃的人，即使是那些与自己性格完全不同的人，不能共事并不意味着不能彼此欣赏。

性格无优劣，态度有好坏

无论你是什么样的性格，人们都会适应并接受，人们不能接受的是不好的态度。

不论性格如何，面对一个人谈话的时候，你的态度是冷淡还是欣赏，这点对方是能够感受到的。

如果你内心不重视，心不在焉，你的沉默寡言就会被看成一种蔑视，当然如果你认真倾听，只是性格内向、不善表达，对方也会从你的眼神中读出欣赏。

我自己就曾被人误会过，才有了这样的感悟。

我一向就是话不多的人，有一次我去参加一个会，由于前段时间我花了大量时间赶了一个项目，深深地感到体力透支。所以，开会的时候，我就没有发言，还是和以前一样话少。我装作倾听的样子，其实来参加这个会的确有些力不从心。

事后我才知道，有人对我的态度很不满意，这令当时的我很吃惊，我竟然还以为，对方不会感觉到我的心不在焉。

我漫不经心的态度令发言的人感觉很不舒服，所幸我平时口碑还不错，有人帮我澄清了这个误会。

后来我就告诫自己，无论什么情况下，都尽量不要去敷衍别人。当你不能保证用很好的状态倾听对方的时候，就向对方老老实实解释，不要取巧。

如果你出现在对方的注视下，至少要保证你的思想也同时在场。

无成见，目光才冷静

有的真话，听起来就是谎言

很久以前，所有的人都认为这个世界上的天鹅都是白的，直到澳大利亚发现了黑天鹅。

一只黑天鹅的出现就足以颠覆一切。

随着这只黑天鹅的出现，这个不可动摇的信念崩溃了。黑天鹅的存在寓意不可预测的重大稀有事件，它在意料之外，却又改变一切。

再来给大家讲个笑话：一位夫人打电话给建筑师，说每当火车经过，她的睡床就会摇动。

建筑师觉得不可能，他说："这简直是无稽之谈，我来看看。"

建筑师到了这位夫人的家中，夫人建议他躺在床上，体会一下火车经过的感觉。

建筑师刚上床躺下，夫人的丈夫就回来了。他见此情形，便厉声喝问："你躺在我们的床上干什么？"

建筑师战战兢兢地回答："我说是在等火车，你会相信吗？"

无论是黑天鹅，还是这个笑话，都似乎向人们传达了这样一个道理，认识一件事情的全貌是复杂的。黑天鹅告诉我们事情是发展的，而这个笑话告诉我们：有的话听起来像谎言，但是确是千真万确的事实。

把心放在一个水平线上

人在社会上生存也是如此，要面对的复杂情况不少，如何才能让自己在识人做事方面一直保持冷静的目光，客观平和地处理所有的事情，这是每个人都必需的修炼。

想要完成这个修炼，就需要放下成见，让自己的心永远在一条水平线上。这并不容易，越是有阅历、有经验的人越是难以做到。我们容易对一件事情下判断，例如，容易评价这个人是正直的，那个人是偏私的，其实这都是预设的观念，而未必就是真实。因为一切都是在变化之中，人性又是多层面的。

我们要学会不说话，给自己观察的对象一些时间，默默地看着世界和人，不要发声，因为判断是很难准确的。这就是平静。当还是孩子的时候，我们拥有这样的平静，我们在面对一切的时候没有成见，以纯净的心接受世界，正因为观念很少，就能看清世界。而大人的观念很复杂，就看不见世界的真实面目，而只是把错误的观念不断重复。

在每个人的一生中，对人们影响最早、最大、最久的就是原生态家庭。原生态家庭就是指个人出生、被抚养、成长的家庭，一般由父母和兄弟姐妹组成。每个人都受原生态家庭的影响，产生一些对事物的看法和行为模式。

当一个人一出生，就开始受到原生态家庭系统成员的影响，特别是父母的思想观念、性格特点、行为方式、夫妻关系、教养方式等潜移默化地影响着我们。

如果父母本来有一些问题，孩子也会被这些问题影响。当人们意识到这一点时，就要有意识地规避掉这些成见、定见以及偏见。

你一愤怒，就偏离事实

小蓉是个很要强的女孩，她生长在一个并不幸福的家庭。爸爸有家庭暴力倾向。她记忆中中午回家时候的情形，常常是妈妈做了饭菜不合爸爸胃口，而被当场掀翻桌子。

有一次她跑去质问她的爸爸为何要欺负妈妈，结果被她的爸爸打了耳光。她多少次哭着哀求妈妈和爸爸离婚，但是，妈妈的回答是："如果离婚，我们就没有了收入，怎么生活呢？"

也因为这样的家庭，让小蓉从小就很独立，她认为经济利益就是左右一切的力量。在她看来，谁都靠不住，只有靠自己才能过有安全感的生活。

因为特别努力，小蓉大学毕业后很顺利地找到了工作。到了单位之后，又因为工作能力特别强，所以和大部分同事的关系处得也还不错。

唯独对一个人，她产生了深深的排斥。

那个人就是圆圆，圆圆是靠着关系进入这家单位的，圆圆从小就生活得无忧无虑，从未受过苦，完全不懂得人情世故。小蓉觉得这种靠关系的人没有资格得到大家的尊重，可是没想到的是，因为圆圆心地单纯，家境又好，和同事之间产生利益的时候又不计较，大家都非常喜欢她。

例如当她和圆圆被领导安排同一类工作任务的时候，小蓉靠着自己的能力完成，而圆圆总是在同事的帮助下完成任务。

不知道从什么时候起，小蓉感觉圆圆总是故意刺激她，有一次小蓉偶尔提了一句："这次项目分下来的奖金太少了。"

圆圆就笑呵呵地说："不少了，领导能主动分发奖金已经很不错了。"

小蓉觉得圆圆是一个非常虚伪的人，谁不希望奖金更多一些？

她觉得圆圆就是很有心机的要借此打压自己，显示出自己对金钱的不在乎。小蓉把圆圆看成了自己的障碍和"敌人"，只要圆圆心情好，小蓉心情就不好；只要同事对圆圆好，小蓉心情也不好；只要领导表扬圆圆，小蓉心情更不好。

到最后，小蓉居然找碴和圆圆吵了一架，吵完之后，同事在背后批评她过分，还疏远了小蓉。

小蓉陷入了深深的痛苦之中，她不明白这个世界为什么是非不分，自己勤勤恳恳得不到肯定，圆圆靠着关系就可以顺风顺水？

幸福不可疑，发现自己的伤

当我们站在旁观者的角度，就能冷静地分析出问题之所在。

小蓉的心态不好，看人接物带着一定的偏见。诚然，经历愈多，教训就会愈多。但是，并不是历经苦难就会变得聪明。另外的一些人，经历越多的苦难，包容度反而会变得越低，他们会把那些与自己不一样的人都当成不值得尊敬的人，这就是一种偏见。

其实，每个人都有幸福的权利，幸福的人未必一定要苦尽甘来，幸福的人也各有各的模样。大部分人的人生是顺风顺水的，当然，他们由此失去了很多丰富的人生体验，但是生在一个优越的家庭，享受着优越的人生际遇，这并不是他们的错。

那些命运坎坷的人，如果对顺风顺水的人不包容，可能暴露出自身的嫉妒和偏见。

对于原生家庭不幸福的人来说，要明白每个人的人生都是不同的，不要执著地以为每个人分到的苦都是一样的，或者固执地相信自己小时候经历过的苦难，会在成年的时候得到应得的补偿。

这只是一种美好的想法，并不是每一个人都能从苦难中得到应有的补偿，得不到补偿的人，会感觉特别的失落，由此形成人际交往上的障碍。

对小蓉来说，她迷信于靠自己的力量改变一切，而瞧不起靠关系的人。当遇到圆圆时，她的价值观被颠覆了，事实总是与期待有所不同。圆圆不但不比她差，反而心地单纯，赢得人心，这一点让她崩溃了。

现实中，这样的成见很多，例如我们常常以为富人的孩子不争气。实际上，我遇到的很多有背景的年轻人，他们条件优越、懂得更多、去过很多地方旅游、有更广阔的视野和更丰富的见识，他们同普通的年轻人一样有对成功的渴望。

所以，如果我们发现自己心理上有创伤，要及时纠正，而不要以贬低别人的幸福来抚慰自己心灵上的创伤，不要总是陷在自己思维的死胡同里，毕竟不能走出成见，就容易永远错失幸福。

控制情绪而不是被控制

不控制，就总有事让你崩溃

每个人都有心情低落的时候，觉得自己很可怜、很糟糕、很差劲、很倒霉，好像整个人都陷在生命的谷底，自己整个人都疲惫了……什么事情都不想做。谁都会遇到这样的情况，而且大概每几个月都会出现一次。

即便如此，有些人过了几天后，很快就能找到轻松与平静，回到原有的生活之中。但是还有些人却很难做到，在情绪的苦恼中挣扎，怎么也挣脱不出来，常常由于一时冲动而失去一份好工作、破坏一段好的关系等。

曾经听到过这样的一个故事：

一家公司招聘一名操作技工，因为要操作精密仪器，所以招聘标准很高。

在层层选拔下，终于出现了两个优秀的人。这两个人无论是在学历背景还是在工作经验上都是合格的，一时让公司难以抉择。

后来，有人出了这样一个主意，就是让两个人去到最安静的一间会议室等消息，于是这两个人就到了这间会议室。

过了半小时后，会议室的门被推开，其中有个人烦躁地在屋里走来走去，而另一个人还是坐在那里，表情依然平静，安然而松弛。看到两个人的表现，公司负责人终于做出了最后的决定，他们决定录用心态平稳、情绪良好的这个人。

原因很简单，操作精密仪器的除了技术外，还应具备良好的情绪控制能力。只有持久的情绪控制能力才能保证操作的精准与安全。

从这个故事中，我们可以看到，一个不能够控制情绪的人，面对任何事情，打败自己都不是别人，只是自己。

为什么这么说呢，虽然他可能没有这样严格的考核，但是想想，我们的生活不就是这个样子吗？

我们面对复杂的情况还少吗？想想我们的生活中，有多少突发事件需要处理，就有多少情绪需要控制。

控制情绪很简单

情绪的力量真的大到我们不能够控制吗？

其实，任何一种情绪不控制，都会成为做不好事情的原因，当然，正因为这一点，情绪有可能成为不好好做事的借口。

例如：

"我今天对你态度不好，是因为我心情不好。"

"我把文件丢了，是因为和爱人吵了一架，心情不好。"

"我对客户发火了，因为我控制不了愤怒。"

好像每一条理由，都理直气壮，好像每一条理由，都在说情绪的控制是不可能的。

那么，请允许我举这样一个例子：你今天心情非常烦躁，但是你到了公司，发现你的大领导坐在你的工位上，你敢像对普通同事一样的态度来对待他，请他马上离开你的工位吗?

可能你不敢直接这么说，无论你心里是否想这么说。

此时就看出你对情绪的控制力了。

每个人都可以控制情绪，如果不给自己找借口的话。

坏情绪，在什么时候潜入

当然，也应该给读者提供一些疏导情绪的方法。

你可以用以下几个方法尝试一下：

首先可以尝试抽离环境，调整情绪。

有人问一位西藏高僧应如何处理愤怒，他答复说："不要压抑，但也不要冲动行事。"换言之，一个人遇事立刻发泄怒气，将会使愤怒的情绪更加延长。倒不如先冷却一段时间，使心情平静下来后，再采取较建设性的方法解决问题。

如果你的情绪不佳，你可以暂时离开你待的地方，例如从椅子上离开，走到门口，然后保证你的呼吸是平缓的，接着你就可以回头看，看你刚才坐的椅子，想象一下刚才愤怒的你就坐在上面。你对椅子上的自己会说什么呢？你可能会因为"旁观者清"，而放下一些情绪上的包袱。感觉自己刚才的生气太不值得了，是伤害自己的行为。

还可以采取"无为"，大部分不愉快的情绪都是因为假设而引起的。例如，你的某一位同事弄坏了你的私人用品，如果你觉得对方是故意的，你就会非常愤怒，而且对这位同事充满了敌意。实际上这个敌意的情绪并不是来自于真实，而是来自于你的想象。

所以当一件事情你不能够确定别人是出于什么目的的时候，要学会什么也不做，保持冷静的头脑，不因为假设而生气。如果生气对人体的伤害非常大，那么更多的时候，我们不是死于他杀，而是死于自杀。

当与别人发生口角的时候，要学会理性地处理。人际关系取决于一个人情绪表达是否恰当。倘若常在他人面前任由负面情绪决堤，丝毫不加控制，如乱发脾气，久而久之，别人会视我们为难以相处之人，甚至将我们移至交往的黑名单中。不妨和对方确认事情发展经过，口头表述事情的来龙去脉。当你能够心平气和讲述的时候，说不准，有的时候，说着说着，你就发现了这件事原来自己也是有问题的。

遇到精神焦虑的时候，还要学会自我放松，可以两眼微闭，做缓慢的深呼吸，深深地吸气，慢慢地呼气，持续几分钟。或者通过想象一些美好的景象、幸福的经历来放松自己。想象自己在室外的一个大草原上，仰卧在柔软的青草上，感受着温暖的阳光，听着微风吹拂过小草的声音。微风温和地轻轻吹来，又悄然离去，你全身感到温暖而轻盈……试着感受这种安详和宁静，想象你的身体和头脑正在恢复活力，有了这种状态，你才有精力来好好面对生活中的每个人。

最后要说的一点是，健康与情绪是相互依存，连在一起的。当心情出现问题的时候，很多健康问题也就随之出现了。同样，当一个人身体不健康的时候，也很难心情愉快。心理学家发现，“一件坏事并不一定在任何时候都能使你烦心，它往往是在你精力最差时影响你”。从这个角度来说，平时无论工作再忙都要好好休息，还要尽量保持良好的睡眠。你的身体有活力，才能保证你神清气爽的状态。

用好你的钱，不伤好人脉

最缺什么就买什么

先给大家讲两件小事，可能会让一些年轻人有同感，第一件事情是这样的：

一个小女孩非常苦恼，她和老公攒了一小笔钱可以付首付买房子，不知道买还是不买，为此天天争吵。一个偶然的原因遇到我，想听听我对房价的看法。

我对她没有多说，只是问她，现在是否需要房子，如果不需要房子，留下钱来是否有创业、投资等其他的打算。

她说没有，接着我就对她说，如果是这样，就用钱买你当下最需要的东西吧，把钱花在自己最需要的东西上，永远不会吃亏和后悔。

这个道理其实很简单，如果手头的钱只能买一套房子，而且房子是用来自己居住，现在买了，就可以住进属于自己的家，安定下来，下一步就开始安心地规划生活中的其他事情。即使将来房价跌了、涨了，这个房子也不会拿出来买卖，就谈不上亏不亏。这总比把时间花在研究房价涨跌上郁郁寡欢来得好。

我讲这个例子不是鼓励大家买房子，只是要告诉大家的是，关注自己改变不了的事，其实就是浪费时间。钱并不神秘，花掉它，它才属于你，它是用来买你最缺的东西。

每个人都要用好自己的钱，你的钱应该你做主，赚钱的辛苦，需要用花钱的享受来回报。

花好你的钱，做它的主人

另一件事情发生在我的一位读者身上。他是一个男孩，读大学期间，经常被一位做生意的远房亲戚接济，亲戚总说他是当地的高考状元，考入名牌大学，毕业之后就有金饭碗。

他学习很努力，毕业后也找到了工作。由于在大城市立足不那么容易，所以大家都不知道他的生活质量相当一般，尤其是那位曾经接济过他的远房亲戚。有一次因为做生意，向他开口借一笔数额不小的钱。他把手头一笔小钱全借给了亲戚，就当是报恩。没想到后来亲戚时常资金周转不灵，找男孩借钱，而且，其他亲戚也开始向他借钱，这令他非常痛苦。

后来他不得不告诉亲戚们他没什么钱，自己的日子也过得很紧张。没想到，他说的这些话，谁也不信，亲戚们遇到事情还是找他借钱。这令他非常为难。

他不知道该怎么办?

这就是来自于现实人生的、真实的、琐碎的苦恼，绝对不是很多大道理说说就能解决的。

坦白地讲，我不了解别人的家事，也不知道该怎么办。

但是我觉得很多事情，评价谁对谁错是没有任何意义的，从不同角度来看，一个事实的解读也是很丰富的。试想，一个男孩名牌大学毕业留在大城市，自己又没有女朋友，又没有买房子，这种情况下，多多少少手头会攒下一些钱。亲戚们不相信他的那些“诉苦”的话很正常。

我只能回复他：“你的亲戚们不会到城市来接触你真实的生活，当他们认定你有钱来帮助自己的时候，你再怎么解释自己没钱，别人也是不会相信的。

“但是有一种方法比较适合你，那就是你可以考虑一下，不必口口声声告诉亲戚，自己日子过得紧张。你越过得紧张，越证明你攒了不少钱，不妨转变思路，说一说你是如何消费的。

“即使你个人的消费项目中，有一些高消费的项目，也不用不好意思去提，你有钱不借，容易令人不满，但是你有钱都花光，却并不是罪恶。

“一定程度上来说，每个人都有想怎么花就怎么花的权利，只要这钱是自己赚的。”

每一个人都无法改变别人的想法，况且人最难以拒绝的就是情面。

但是如果你把握好自己的原则，用好自己的钱，就不会伤到自己的人脉。

我讲这个例子也不是让大家变得冷酷无情，再也不借钱给别人，只是做个提醒。如果你总是面临被借钱的烦恼，先不要懊恼，而要先反思是不是自己不具备花钱的能力，别人才会“帮你花钱”。

你不规划，就会被别人规划

根据我多年来的观察：普通收入水平的人，经常会面临一些“钱来钱往”的事情，也总为借钱这种事情苦恼，反而一些高收入群体，他们好像都没有这方面的疑虑。

从两个方面来理解这个现象，一方面也许因为高收入人群有足够的能力帮助别人解决燃眉之急，所以不必为此苦恼；另一方面还有可能就是，他们虽然收入高，但是他们消费高，有足够的理由远离借钱这件事情。

因为越是收入高的人，往往没有什么后顾之忧，他们越不会把钱辛辛苦苦攒下来存利息。他们钱的流动更加多样性，例如，可能炒股、投资、买车，或者用于其他高消费。由于他们用钱来实现的想法很多，所以即使你找他们借钱，他们拿不出现金也是很正常的。

于是，把自己的钱规划好了的人，越来越远离借钱的这种烦恼，而那些辛辛苦苦攒钱的人，就不得不时常把自己的钱借出去，做一个伟大的无私的人，帮别人完成梦想。

例如，你攒着钱不舍得投资，不舍得花费，不舍得创业，不舍得买房，那么，别人要投资、花费、创业、买房的时候，找你借，大部分的情况下，碍于情面，你都会借。

借钱之后，还要担心别人借钱不还，自己有可能因此丢失了一位好亲戚、好朋友。

说得更直白一些，一个人，如果没有规划金钱的能力，那就等着被别人规划你的钱该怎么用。

三方面用钱不可少

对于年轻人来说，如何用好你的钱呢？

应该有基本的三个方面，做好这三个方面，你可能不再为钱的事情头疼了。当然，这只是三个方面，却并不能提供什么样的标准，无论收入两千还是收入五千，尽量保证三个方面均衡。

第一方面就是保证你的健康。

因为很多年轻人仗着年轻体力好，熬夜加班，通宵上网，用健康换财富，这不符合可持续发展的方向。你应该用钱养护和武装你的身体，可以考虑在健身、营养等方面进行投资，来保证你的身体一直好用，保证自己有灵活的大脑和充足的体力。

也许你现在省吃俭用，觉得自己节约下来的钱，与其他花费掉这些钱的人来比，没有什么区别，也觉得自己的身体还是很健康。但是用不到五年，这个区别就会显示出来。十年后产生的差异，花多少钱都追不回来。

钱花在哪里，一定会被看出来。

第二方面应该投资自己的头脑。

可以在读书和学习上持续投资，增加了你的自信和知识积累之后，你的职业生涯就会因此带来升级。

同样也用不了五年，你和那些从未做过这个投资的人来说也会有很大的差距。而对于他们来说，再来追上你会变得很难，因为年轻时期是记忆力等重要能力的巅峰时期，你把握住了这个重要的时机。

第三方面应该用来保证你的人脉，对社交追加一点投资。

该和朋友吃饭、娱乐、旅游的时候，就去参加，不要做守财奴。当你花钱买到了很多体验和阅历的时候，有一天，你花这些钱所积攒的体验会让人看到你的价值。永远不要等有钱了才去好好对待别人，而是好好对待了别人，才能越来越有财运。不懂得这个顺序，就得不到回报更高的机会。

以上三个方面都是很重要的建议，经过许多人的事实证明，我向你保证，这是一剂灵药，效果一经释放，长久有效！

八面玲珑不如做回自己

有的公平，并不公平

人与人的交往中，我们会发现有一些八面玲珑的人，他们总是能和所有人的关系都处理得非常好。如果具备了这样的能力，不是一件坏事。

但不是每个人都一定要做到八面玲珑才能做得好，如果一个老老实实给人印象又很淡定的人，突然间也开始学这部分可能不属于自己的能力，就有可能走样，反而引发不好的效果。

为什么每个孩子小时候是与众不同的，有不同的梦想和想象，长大后就越来越趋于相同。大部分人的人生轨迹都趋于相同，在很多事情面前的反应和选择都趋近相似，是因为我们被太多的单一标准所衡量，我们不大习惯从多个角度考虑问题。

例如，当一家有两个孩子的时候，哥哥和弟弟的成绩总是不一样，家人往往偏爱学习好的孩子。如果寒假旅游，弟弟想去一个地方玩，哥哥想去另一个地方玩，父亲可能会说谁考试成绩好就满足谁的愿望。从表面上看，这是非常公平的，但是深想下去未必公平，因为这样做的结果就是只满足这个学习好的孩子。用学习成绩来考核，公平吗？对于学习能力稍差的孩子来说是不公平的。统一标准只是为了简单高效地处理问题。

步入社会之后，没有统一的标准。拿人际交往来说，不要以为八面玲珑的人朋友一定就会多，毕竟朋友是需要用时间和精力去培养的，一个人的能力是有限的，这样做有可能“相识满天下，知心无一人”。

相反，一个人凭自己的本色做人际关系，大家也会接受这样的性格。人最可怕的事情就是不做自己，要演一个和自己一点都不像的人。

用自己的模样去生活

美国旅馆业巨头希尔顿曾经举过这样一个例子：一块普通的钢板只值 5 美元，如果把这块钢板制成马蹄掌，它就值 10.5 美元，如果做成钢针，就值 3350.8 美元，但如果把它做成手表的摆针，它的价值可以攀升到 25 万美元。

这个例子是为了告诉大家，如果一个人是钢板，他不必改变自己的特性也能获得成功，只不过他需要经过历练和锻造。但是如果他改变了自己的本色和材质，也未必能找到那些本来就不属于自己的成功。

生活中，当别人问我一个问题的时候，我会稍微有一点纠结。例如，一位年轻人问我，他和老板有矛盾，应该如何来沟通。这个时候，我会给出一些方法，基本上是注意语言上的修饰，至少让自己的态度在领导面前是坦诚和真实的。比如说：“您对我的工作有哪些地方感觉还能改进呢，希望您能提出来……”

是什么时候，我觉得这是有一点问题呢？

有一次，我说完方法后，有一位年轻人一不小心说了一句“这也太假了吧”。

我从来没有想到有人会这样说，坦白讲，我一点都没有生气。但是我反思了这个问题。为什么他会感觉假，是因为他只知道方法，并没有去领悟方法后面的意义。

比如，当一个人感觉领导总是分配下来很多工作的时候，我的建议是这样对领导说：“您看，您布置的工作每一件我都想完成好，只是时间有限，哪一件最重要，让我能够先处理呢？”

我提醒年轻人可以这样与老板沟通，是因为我真的相信他本来就是想把每一件事情做好，分不出优先级才面对这样的苦恼。

后来我问他为什么感觉这么说很假的时候，他说：“老板一次性分三个工作下来，他本意就是为了为难我，我还这么表忠心，我感觉不自然。”

我才知道问题出在哪里，我和他的观念是完全不同的。

在我看来，一位领导的工作是非常繁重的，他每天要处理很多事情，很难会想到故意去为难员工。

我也没有再与这位年轻人辩论。我相信有些道理，他可以在未来的日子里，慢慢地自己悟出来。

此后，我连给别人的建议都变得很谨慎，再有人问我类似的问题，我可能就会建议他去看我的书，在书里面针对不同的情况去找答案。

所有的问题都有好答案

每个人都有自己的人生，每个人都要自己来寻求答案，一个人只要真实，所有的问题都有一个好的答案。

再给大家讲一个例子，我们同学的圈子会定期聚会，很有意思的是，有一次有两个人没来，姑且叫他们：小方和小圆。

小方没有来，他给我们打电话解释，是这么说的："不能聚了，有位客户要见面，争取到这位客户够我们全家一年的消费了，所以请大家谅解。"接到他的这个电话，我们发自内心地能够理解他，并让他好好工作，希望他能做成这个大单。

另一个同学小圆也来不了，他的电话是这么说的："来不了不是因为不想见大家，只是因为自己实在非常不舒服才来不了。"更有意思的是，他还多说了一句，他说："如果不是因为不舒服，他早就来了，工作上的事都可以放一放。"我们也赶紧对他说没关系，多注意休息。

后来一次聚会上，小圆不小心说到他与高层领导的关系有多好，还说他们经常在一起打高尔夫，然后就提到了上次聚会的日子，他说那天天气太好了，打高尔夫真是种享受……

我们所有人都想起来了，只有他一个人忘记了那天是聚会。我们还是很镇定，因为小圆就是一个很圆滑的人，所以我们都没有当面提出质疑，这更证明当时所有人都相信他那一天是故意说谎。

只是再谈到一些事情的时候，我们都会对小圆有所保留了。

人不论是哪一种性格，最重要的是真实，当你真实的时候，哪怕你有些小缺点，我们也能够接受和容忍。每个人最不能容忍的是别人把自己当傻瓜。

而在这个世界上，我不得不说，把别人当傻瓜的人往往才是真的傻，他觉得自己长袖善舞，而在别人眼中只是“皇帝的新装”。

给大脑植入管理的念头

升职之前造势

每个人的生命都面对着很多的选择，每个人在职场中也在寻找不同的坐标。对于很多人来说，人到中年，如果工作没有新的挑战和突破的时候，容易进入职业倦怠期。这时候，人脉也不会有新的突破，职业生涯进入一个瓶颈期。

为什么很多人进入同一家企业，有的人原地踏步很多年，有的人短短一年就可以升职，这往往就要看一个人是否把管理的念头植入自己的头脑里。

还是来给大家举个例子：

小郭和小陈是同时进入公司的员工，两个人学历背景都差不多，工作态度也都非常端正。工作一年之后，小郭意识到常规工作对自己已经形成不了障碍了。公司属于快速成长期，高层也透露公司的发展方向，在未来三年，公司将会大量扩建新部门。于是小郭就有了升职的期待，他希望本部门扩招，当人越来越多的时候，公司必然缺少管理者，自己可以从一个精兵，变成强将。

小陈安于自己的状态，他觉得自己的工作已经进入了熟练的状态，没有刚刚工作的时候那么六神无主，而且遇到事情不知道怎么办。他很享受当下的工作状态。

两个人想的完全不同，表现就完全不同。

小郭穿的衣服突然高档起来，他不像刚工作的时候总穿大学时代的那种休闲装，他的休闲装有了另一种风格，属于商务男装。这类衣服还是以商务为主，带一些时尚气息，职业而又偏休闲。小郭也开始注意自己的发型，毕竟，在这个时代，“男人何需置镜”的时代过去了，一个男生没有像样的头面，如果他的感觉不像专业人士，哪个人能够放心地把自己的业务放到他手上呢？领导感觉到他的变化，就在很多时候找他开小会，问他对一些事情的看法。

小陈还是以前的状态，领导每次看到他，都有一种把活儿放在他的手里就很放心的感觉。

小郭的为人处世也发生了一定的变化，他开始主动帮助别人，尤其是办公室来了新同事的时候，一般人是不愿意搭理新同事的，因为怕麻烦。小郭不怕麻烦，每天下班、离开办公室的时候，他也会和新同事打个招呼，这种善意让新同事对他留下了很好的印象。大家的交流开始多了起来。

毫无意外，过了半年，小郭就成为一名小主管，工资待遇提高了很多。小陈还是一名管事的人，工资待遇微调不多。

在这个案例中，我们也不去刻意地评判谁对谁错，因为没有对错，小陈和小郭的想法不同，但是小郭成功的一点在于，他很早就给自己植入了管理的意识，他用一个管理者的标准来要求自己的为人处世。包括他的着装、说话、气质都在给自己造势。想想看，一名主管的形象一定不会是穿着大学生气质休闲装的小陈，而是穿着商务休闲男装的小郭。

有能之人输在傲

如果一个人想做管理，想和更多的人接触打交道，想让别人服从自己，就要修剪自己的心性。有这么一句话说得好，无能之人输在懒，有能之人输在傲。

与其他人接触的时候，一个有能力的人很容易就能感觉到自己的优势。如何看待这样的优势，会影响自己和他人相处的关系。无论我们有多强、多厉害，我们在与别人的相处过程中一定要记住一点，当我们对别人进行鼓励，或者希望别人做得更好的时候，我们可以用一些话来鼓励别人，可以说“人往高处走”，但是一定不要说“水往低处流”。

同样的一句话，传达的情绪是不同的，前者是鼓励，后者就是一种贬低。不同的人有不同的收获和人生轨迹，不要因为自己的位置就看轻别人，毕竟这是一个挑战重重的世界，没有任何人敢说自己业内第一，即使今天是，明天这个封号也许不是自己的。

一个真正有能力的人，会正确看待自己的一些优势，他会把自己的优势和能力看成上天眷顾自己的一件礼物，不会因此去鄙视别人。还有一些人知道自己的优势是经过日积月累锤炼出来的，珍惜这样的能力，会让他很平静地与别人相处。

我的一个熟人托我找一位朋友商量事情，我就帮他把这位朋友约了出来，他们俩在一起吃了一次饭。之前熟人还找我问，吃饭的规格怎么样，我一看他选的地点，说，招待标准不低，很有诚意呀。熟人也很高兴。

可是没想到，就是吃了这一次饭，两个人的合作可能谈不成。

熟人说了一些不合适的话，朋友感觉此人轻浮，不想再打交道了。

我问他时，他说起那天发生的情况：没进入酒店之前，朋友心里是打算做这单生意的，不然就不会答应吃饭了。

吃饭的时候，熟人开了一瓶好酒，开瓶之前，朋友就说："大家不是外人，不要客气，我今天开车来的，不能喝酒。"熟人还是出于礼貌开了这瓶好酒，并且说："没关系，今晚让我的司机送您回去。"

朋友的确有很严重的胃病，只能强忍喝了一杯，没想到熟人开始炫耀自己的酒量，炫耀当年如何靠能喝拉到了很多关系、做成了很多事情。

朋友碍于场面，也随声附和。但是就在他给朋友倒第二杯酒的时候，说了一句："在我们老家，会喝酒的男人才叫男人，不喝酒的男人不叫男人。"

听完这句话，朋友勉为其难，喝掉了第二杯高度白酒。没想到倒第三杯的时候，对方又说了一句同样的话。

朋友的胃早已隐隐作痛，这顿饭吃得很不愉快。并且，朋友最想谈的生意上的事没有谈，他听到的话都是对方如何能喝的"本事"。

这种轻浮的态度让朋友很不愉快。认为能喝酒是一种本事，这是个人观念的问题，无可厚非，但是"不能喝"的人，绝对不是无能之人。一个人不注意自己的心态，就容易在他人面前失去威信。

建立人群关系

一个人想要有一定的领导力和影响力，就要建立人群关系。

在这个过程中则需要有自己的个人魅力，这种个人魅力一经释放，会给人一种震慑力。

建立人群关系，释放自己的个人魅力要注意其中两个方面。

第一个方面是要建立自己的形象，向大家传达出一个很好的信号。这样的信号往往是坚强、刚性的一些符号，这个符号会让你具备一种威力。

例如，当你在戒烟的时候，别人都知道。大家觉得这一定很不好受，很多人可能就会和你聊“不好受吧”。如果你说“没事，一点感觉没有”，这就显得很假。

但是如果你说：“太难受了，这个滋味简直就不可忍受……”你传达的就是一种软弱的形象。

其实不论你说什么，滋味都是不好受的，你不妨说：“是不好受，但是还是可以忍受的。”这样的态度，会让你在别人的印象里加分。

另一方面，威力不等于没有人情味。常常看到一些人，自以为自己很有威力，比如有一些领导见到人的时候，头抬得特高，与别人沟通的时候，从来不看别人的眼睛，这样的态度是非常不好的。

有些人以为自己权力大，以为别人走路绕着他走，是怕他，其实不是，大家只是烦他而已。

有一次，我接触到一位年轻人，他说起自己常常遭人妒忌，我就问他具体是哪一方面被人妒忌，他说因为自己良好的逻辑思考能力，很多人是没有这种能力的，所以会妒忌他。就在我还在迟疑、没有想清楚的时候，他接着说：“我向来是一个辩论高手，我看问题很深刻，别人和我辩论，我很容易找出他思维里的漏洞，抓住这个问题一追到底。有一次，我和一个同事谈论我们领导的一个方案，我至少说了三个方面，这个方案不可能实施的漏洞在哪里……”

在这里我不得不说，有的时候，战胜别人你就输了。一个真正有大智慧的人，并不是一定要赢别人，而是有时候能赢的时候，都放别人一马，既点到了问题，引导别人改进，又能柔和引导，把发现错误的机会留给对方。

打理自己，别人才能欣赏你

随时觉知自己的状态

一个人对自己了解得越深刻，对这个世界的掌控能力就越强。

举一个例子，在小君身上曾经发生了这样的一件事情。她是一个特别单纯的女孩，因为学历不高，从事的工作收入也不高。

在工作中，有一位同事曾姐经常照顾她，例如曾姐会通过一些小窍门让她们增加一些收入，例如在她们的办公区，曾姐会让小君收集一些大家看过的旧书，然后把这些旧书整理好起来，有时候单位发剩下来的一些宣传册，曾姐也会赶紧找人来收走。旧书、宣传册卖掉后的钱，曾姐就会买水果和小君一起分享。

小君认为曾姐是一个热心又善良的人，她因为有位朋友开网店卖小饰品效益还不错，于是想和曾姐一起合作做这件事情。虽然这是件小事，但是麻雀虽小五脏俱全，需要花费的精力可不小，于是她找到曾姐说了一下自己的想法。

曾姐一口同意，只不过要求两人写一份合作协议，看到曾姐写的书面协议，让小君大吃一惊，她有点没想到，所有的协议都是保证曾姐的利益，但是想到两个人要一起做事，小君就勉为其难地签字了。

网店开起来了，小君把不多的积蓄投了进去，除了刚开始的一个月，曾姐帮忙出出主意，做了一些活动，生意还可以。之后，就越来越没有生意。

没过多久，生意越来越不好，不得不把这件事情停掉，没想到最后分钱的时候，曾姐除了在已经销售的商品上五五分成之外，还不依不饶地要求一笔时间损耗费。并且说如果按照协议，还不只这部分钱，还有其他的费用。

小君在无奈的情况下，还是把这部分钱给了曾姐。她怎么想都想不明白，为什么曾经那么好的一个人在与自己的合作过程中会变成这样。

其实，这件事情不难理解，如果小君能够随时觉知自己的状态，也许就不会有这次的合作，也不会给自己带来麻烦。想想看，最初的旧书和宣传册，曾姐能够分享利益给小君，是因为她需要小君的帮助。而在两个人合作之初，一个单方面的协议已经暴露出曾姐本身是一个对自身利益看得很重的人。当然，这还没有到评价一个人人格的优劣的程度，只是要看小君对这个合作的驾驭能力有多强，而事实证明，曾姐的点子比小君多，自然主导权在手，更感觉自己付出得多，所以最后才会不欢而散。

这种情况应该如何应对呢？一个人要了解到自己不舒服的原因，例如书面协议的片面性已经给小君提了个醒，但当时的她很想做成一件事。在这种状态下很容易忽视自己的抵触，把需要慎重的事情简单化，为以后留下隐患。

我们在和他人相处的过程中，要留意自己的状态，有的人会让你在他面前一站，就感觉自己心虚气短，对方的强势压得你喘不过气。这样的人，注定你无法与之平等合作，不如问问自己的心，有必要做这件事吗？你想从这个合作里得到的东西，最后能保证得到吗？

小事容易让自己不自信

要随时留意自己的状态，一个人要学会让自己处在一个好的状态中。

我的一位朋友工作很忙碌，忙碌到基本上没有时间照顾自己，经常看到他的时候，都能感受他的状态没那么好。

可是，每次通过和他的对话，他都能让自己的状态变得更好一些，因为我总会“打破沙锅问到底”。

举个例子来说，我们见面，聊到他的气色很不好，他会讲到是因为一些工作上的困惑。当他说完之后，我通常会反问他，应该怎么来解决这些问题，他就会提出一些方法。

我们两人分开后，他就回去用这样一些方法解决问题，让自己的状态逐步好起来。

再举一个我的助理的例子，小女孩经常会出现一些心不在焉的状态，其实她是一个很认真的女孩，出现这种心浮气躁的状态的时候，我都会问她原因。第一次，她告诉我是因为智齿发炎。第二次她又很粗心，工作上出了点小问题，我发现她还是这个理由。

后来有一天，当她心情状态都很好的时候，我批给了她半天假，我说你去医院看看牙医，把智齿的问题解决一下。

她去了医院，很顺利地拔掉了智齿，此后，她再也没有被这个问题困扰过。

有的问题解决是很便捷的，例如，有的年轻人有白头发，可能每天早晨只要照镜子就感觉难受，不要小看这一点点的闹心，这会让你走出家门的时候状态没有那么好。这样的小问题，不论你生活多忙都不必拖延，去一下美发店，几小时就能解决问题。

生活中，我们很多时候被一些小事困扰，小事会让一个人变得不自信。例如，当你的状态不好，是因为你的身体的哪部分有小小的问题，但是你拖着不肯去治疗，每当出现大事，免疫力差的时候，身体就会不给力，让人觉得你“总在关键时刻掉链子”。久而久之，你也觉得自己“总在关键时刻掉链子”，影响自己的自信。

能吃苦，还要能享受

有一句话叫做没有吃不了的苦，只有享不了的福。也就是说，一个人可以吃很多苦，但是享福的时候，就没那么自在、有生命力了。

其实，我身边有不少这样的朋友，他们在创业之初，受了很多苦，见面的时候没有感觉到他们的劳累，反而能够感受到他们的兴奋感。其中一位朋友，从小会计开始做起，饱尝了各种心酸。他在单位没人搭理他，也没人教他带他。复印文件、打扫卫生、送材料、去银行办手续等跑腿的活都落在他身上。单位的头儿也会找他撒气，常常让他帮忙做私人的事情，一旦有事情不称心如意就朝他大喊大叫。他的工资很低，那段时间，从不随意买衣服，吃的饭就只有面条。即使是这样，他也在困境中一步一步成长起来了。

现在他的事业做起来了。精神状态放松了之后，身体开始发福，精神状态大不如以前，而且以前留下来的极度节俭的习惯，还在影响着他的生活。

于是，我们不得不在一些聚会活动的时候，强迫性地带上他。毕竟现在经济条件允许了，而平时运动量又不大，一起健身，会让身体状态变好，还有一些其他体育活动的时候，也会叫上他。

不到半年的时间，我这位朋友不但身体状况开始变得非常好，而且运动也让他享受到了生活的乐趣，他的爱好也开始丰富起来。他从一个一开始见面只会谈工作、谈赚钱的单调的人，转变成一个能谈电影、谈艺术的人。

第二章 人情练达：收支平衡才能走得远

别折腾那些不如我们的人

你在用优越感刺激谁

我们能够用多少心来理解别人，往往意味着我们能够有多少的深度来认识自己。

在生活中，我们会接触很多人，用一份善意对每个人，不仅是为了别人好，而且有的时候也会让我们了解自己是谁。

给大家举个例子，我们经常会有一些同学聚会，不同的圈子凑在一起有不同的话题。有一批取得了很大社会成就的人，经常在一起讨论的话题，常常就是名车、名表。还有一批同学，大家就是平平常常的普通人，也有人生活得非常不容易，往往也在一起讨论，能不能合伙做些什么事情，给家庭增加一份收入。

多年前发生了一件事，让这两个圈子里的人没有了交集。那一次，有一位富同学问起我还和以前哪些同学有联系，我随便报了几个名字，当听到一个名字的时候，他很激动，因为那个人曾经是他的同桌。有意思的是，这个人曾经也是我的同桌。

他要了同桌的联系方式，后来聚会吃饭的时候，就带上了同桌。开始的时候大家并没有什么隔阂，后来不知道为什么，据说这位同桌和富同学反目了。这让富同学很郁闷，一直过了很久，他两人为什么反目都是一个谜。

直到有一天，我知道了原因，同桌和我在一起喝酒，他喝得酩酊大醉，对我讲起了一段大家都不知道的经历——一次聚会，大家说轮流找地方吃饭，每个人都说了一个地方。自己做东请大家吃一顿饭，说的地方都是花费不菲的地方，轮到富同学的时候，他说他请两次，很明显，富同学是想帮同桌付一次账。

同桌还是非常感动的，以他的收入来说，实在承担不了这么贵的花费。可是，就当他去洗手间的时候，听到富同学对另外一个人说："没办法，他穷，又想跟着咱们玩，我就只能掏点钱帮帮他了。"听完这句话，同桌一声不吭就离开了，后来他再也没有和这位富同学说过一句话。

同桌那天拍着我的肩膀说："他以为我愿意和他出去吃饭？之前一次次给我打电话，说要给面子。我知道我条件一般，不想去，但他这么说了，每次他叫我，我就去了，没想到他在背后这么损我。"

听他说这些话的时候，我也想到了富同学当时对我说的一些话，当时富同学说得义愤填膺，他说："我有哪一点对不起他，我顾念同桌之情，哪次出去让他掏过钱？不知道怎么回事，他突然就抽风了，不理人了。"富同学圈子里的其他人也起哄说同桌不讲义气。

这件事情一直是个谜，我也从来没有点破，因为点破一些事情除了让当事人尴尬，真的没有什么意义了。

当你的条件的确比别人高出太多的时候，没必要显得非常"平易近人"地与人交朋友，这本身可能对别人来说就是一种伤害。对于那些条件不如自己的人来说，别人并不低人一等，他们有自己生活的乐趣和快乐，他们有自己的实心人脉，他们也曾脚踏实地生活。但是你硬要挤进他的人脉圈，除非你能给他的生活带来改变，用你的观念和生活影响到对方，让他的生活变得越来越好，那么这就是一种善意。否则，如果只是吃吃喝喝，真的没有必要选择那些不如自己的人，让他们在你面前低一等，这将成为一种恶意和伤害。

总要有一点坐在一起的资本

当我们的条件离别人很遥远的时候，我们要懂得给自己增加价值。

有钱的人要有自己的品德和操守，没钱的人要有自己的骨气和追求。

我们尊重自己的内心，我们想要更好的生活，我们想与成功人士交往，我们想要有优质的人脉，只是我们要学会思考自己与那些翻手为云、覆手为雨的人物如何匹配，我们有没有那么一点点资格同他们坐在一起讨论一件事情。

如果我们能够给他们创造价值，哪怕只有一点点，我们也可以自信地坐到他们的对面；如果我们目前还不能够为他们创造价值，但是根据我们的发展，我们未来可能给他们创造价值，我们也可以坐到他们的对面；如果我们现在和未来都不能为他们创造价值，那么，我们就来节约他们的时间，至少别给他们添麻烦。

对于那些已经很卓越的人来说，他们的生活中已经充斥了赞美，有无数的人曾经把他们捧上天。当然，他们也曾经有可能被捧起来过，被摔下来，又被捧起来。总之，很多赞美和夸奖的话，对他们而言可能都是“正确的废话”。

他们真正想听的就是一些实在话，和一些能够帮助他们变得更好的建设性的意见。想想你自己，如果在自己的工作领域里是一个专家，那么你会给他们带来一些新鲜的知识；如果你有深刻的思想，你可以通过一起讨论事情，你的实在话对他们是一种启发和冲击；如果你有智慧，你更有可能帮到他们。

所以，想想看，我们选择哪一种资本，来与那些成功的人坐在一起呢？

领导的折腾要珍惜

人脉关系中，要寻找和自己匹配的人脉资源，如果找错了资源，可能对于别人来说就是一种折腾。

在职场中，有时候也会出现一种不匹配的折腾。例如，当你的上级给你布置了一件工作任务的时候，超越了你的工作能力，你感觉总是在他对你的挑剔和折腾中工作。

如果真的出现这样的情况，恭喜你，你有可能正在被重视。坦白地讲，没有哪个领导一上班，就闲着天天想怎么折腾员工，他也有自己的任务目标。但是如果他折腾你，证明他看中你。有句话说得好，领导对哪些员工态度好？一定是那些不怎么重要的员工。就像我们自己也是这样，对公司里那些和自己没有利益关系的人，一般都是笑脸相迎。

领导对哪些员工态度不好？一般是对他自己有要求的员工，就像有的同事为什么会激怒到你，也是因为你和他有利益关系，你们彼此有期待和要求。

如果你的领导总是分配一些有挑战性的工作给你，要你自己去摸索、给出答案，也许，他希望你能独立思考，培养自己解决问题的能力，把你变成一名不需要他在一旁督导，就可以独立作业的下属。

能遇到这样的领导，算是很幸运的事，或许有些地方会让你比较郁闷。但是想想看，与其与那些对你和颜悦色，却从来不给你机会的人在一起共事，还不如与这样的领导相处，在一次次的任务中磨砺自己，换回美好的前途。毕竟对于职场人来说，有工作不辛苦，没事干才痛苦。

无压力环境，打开心门

不能一见如故，至少再见不烦

在生活中我们是否会因为压力选择逃避？有位作家在搞签售的时候，把书码放在了自己面前的书柜上。后来，他发现大家都不肯前来翻书、买书，都是远远地观看，于是他想到了一个方法，就是让书店的营业员把他的书分散地放在了各个地方。果然，大家纷纷拿起了书，后来就竞相排起队等签名。

刚认识一个人的时候，如果想让对方继续和自己保持联系，就要注意别给对方压力。再拿销售这个工作来给大家举个例子，快速消费品属于冲动购买产品，例如洗发水、牙膏、巧克力等产品，人们买这类物品的时候，通常不会进行深思熟虑，所以商家可以通过制造压力的行为来促进购买。例如通过限期促销活动，或者通过一些免费尝试的活动，让消费者在购买时受到卖场气氛的影响而产生购买行为。

这些时间上和空间上的压力，都是促进消费者购买的一些原因。

反之，如果是一个耐用品，而且是一件大宗商品的销售，例如一辆汽车、一套房子，恐怕人们就不会轻易决定了，会进入一个理性分析的阶段，而且也会长时间地考察。那么对于这部分商品来说，销售人员一定不要在一开始就给潜在客户太大的压力，以免引起对方心理上的排斥。

如果你要见这位客户，注定十次才能成交的事情，就不要妄想一次成交。不按照规律行动，很有可能第一次就让客户关上了心灵的大门，并有可能永远对你关闭。

所以这类型产品的销售人员，不要总把产品当做自己的孩子，拼命逼迫对方接受。要相信这个产品是客户的孩子，早晚要回到他的家中。产生这种自信从容，你的工作才会游刃有余地开展。

人与人的交往也是如此，世界上没那么多与自己一见如故的人，人与人的接触需要时间，如果第一面你给了对方很强的心理压力，产生了心理上的排斥感，再见面也很难有亲切的感觉。

用错态度，出力不讨好

这可能更需要我们注意态度上的温和，不要随意在语言上形成强势的感觉压迫对方。很多人都说，“我这个人心是好的，就是态度有时候急了点……”这仿佛成为一些人不能好好对待别人的借口。

我曾经听到过这样的一个故事，让人心生感慨。讲的是有一个很勤劳、朴实的农家儿媳妇，特别能做家务，勤劳肯干，但是她就是不注意自己说话的态度。

有一次，她给婆婆包饺子，又是买肉又是和面，辛辛苦苦包出了饺子，就赶紧趁热去给自己的婆婆送饺子吃。

婆婆正在家里高高兴兴地等着吃饺子，终于儿媳妇来了，她进了婆婆的房间，把一大碗饺子重重地往饭桌上一蹾，说："饺子好了，吃吧！"

顿时，老人的泪水就顺流而下，再没有伸手端这碗饺子。

这种强势的态度，换谁也无法忍受，这样给人带来的心理上的压力是无法忍受的，所以民间有个说法是宁喝粥也不吃"蹾食"。

多个角色去转换

人与人的沟通态度很重要。此外，一个人的身份、地位、头衔，也有可能给人带来心理上的压力。有个故事说英国女王维多利亚与丈夫阿尔约特相亲相爱，感情和谐。维多利亚作为一国之主，每日忙于公务，性格难免有些强势。

一天，女王维多利亚处理完工作，深夜回到卧室，见房门已经关闭，就敲起门来。

阿尔约特在卧室内问："谁？"

维多利亚回答："我是女王。"

门没有开。维多利亚再敲，阿尔约特又问："谁？"

维多利亚回答："维多利亚。"

门还是没有开。维多利亚徘徊半晌，再敲。

阿尔约特仍问："谁？"

维多利亚回答："你的妻子。"

这时，门开了，阿尔约特热情地用双手把她拉了进去。

维多利亚前两次敲门之所以没有敲开，是由于她的心态没有随环境的变化而加以适当地调整。

她忽视了自己的家庭角色就是一名妻子，而不是女王。第二次缺乏热情，没有与丈夫形成关联。第三次回答，维多利亚的心态适应了具体地点和对象，体现了妻子应有的温柔姿态，因而不仅敲开了门，也敲开了丈夫的心扉。

没来由的强势就是虚张声势

生意场上，总有人一说话就像是要与人吵架，试图比你声高。如果无伤大雅，不用放在心上。如果他们对你充满攻击性，给你造成了巨大的压力，那就要想办法应对。

如果你刚认识了一个人，他试图用语言上的强势来干扰你的情绪，你不妨学会巧妙地回击。这种回击不是硬碰硬，而是运用对手的力量对待他自己。不要气恼，只要平心静气地告诉他“我不愿意和你争论，我只想说我的决定”。

由于你的忍辱负重，你会让你所讨厌的、具攻击性的对方去除敌意，他可能会因为你平静的态度，也尝试平心静气地谈事情。许多人相信制胜之道是采取强硬姿态使敌人畏惧，事实上攻击性行为可能只是装出来的，只是想加速别人做出对自己有利的行为。

无论面对什么样的人，你的处理方法都要是先站稳自己的立场，平静地表达你的尊严，不被任何利益收买。

如果是面试，你面临别人给你的压力，也不要惊慌失措。面试官这样试探你，他说你在原公司的时候，与一个同事出现了矛盾，这个同事对你的评价还非常差，问你这是怎么回事。

这时，不要自乱阵脚，也不可攻击对方，不要在巨大的压力下，通过批评与你争执的同事有多么不好，来证明自己的“清白”，这样只会让对方看轻自己，并“做实”了别人的谣言。

正确的方法是，你可以承认，人与人之间朝夕相处，出现矛盾都是很正常的，面对大家的批评，你对此还是表示理解。但是毕竟来到公司，大家做事的目标是一致的，只要大家的大方向一致，没有什么问题克服不了。来到新公司，也将用更包容的态度和新同事相处。

送礼送心换感情

送礼送金不如送心

人情往来，送礼是人之常情的事情。

正因为它在生活中很多见，每个人都难免做这样一件事情，所以要把这件事做得出彩是非常难的。

一般情况下，礼重情重。这里说的重，不但是价格上的，正所谓“千里送鹅毛，礼轻情意重”，轻的鹅毛因为千里来送而加重了分量。价值上的重，会增加情感上的分量。

那么我们怎么把一份礼物选好、送好呢？

最好是能送上别人所需要的东西。

给大家举个例子，业务员小张接到客户的电话，原来客户临时要去趟泰国，需要用一下小张的车。因为两人比较熟络，小张就毫不犹豫地答应了。

根据小张对客户的了解，这个客户是第一次去泰国，而且客户不是个细心的人，于是在开车去接客户的途中，小张买了些小物件。送客户到达机场了，小张取出了一个小包让客户带上，客户没多说，拿着东西就匆匆登机了。

后来，当客户从泰国回来的时候，第一个要见的人居然就是小张，原来小张给客户带的东西有风油精、氟派酸、创可贴等外出旅行的必备药品。在关键的时候，就是这些小物品帮了客户的大忙，小张成了客户眼中的救星。

他们的关系直线上升，顿时由熟人进入信任的层面。

送生活的梦想给对方

还有一种情况，你可以不选择对方需要的东西。

但是这需要你有超前的眼光，引导对方的需要。

我有一位女性朋友，她特别擅长处理自己和女下属的关系。

她有一名非常能干的女下属，从大学毕业后给她做助理开始，到现在已经完全可以独当一面，被分配做公司一个部门的主管。

无意中，这名女助理讲起了她和朋友之间发生的一件事情。

女助理刚大学毕业的时候，就因为专业对口、成绩优异来到这里实习。因为她的老家在偏远的小镇，读大学的时候和大城市的同学在一起就很自卑，因此性格很内向。因为穿着没品位，大家逛街的时候都没有带上她。

她第一天来公司的时候穿了一条过时的红裙子，公司的女同事看到了，大家都没有说什么，却与她有了一定的距离。

内心敏感的她是有触动的，她想实习一结束，领了工资就走人，以后也不来这家公司工作了。

没想到的是，临走的时候，她的女领导居然单独送了她一份实习礼物。

这份礼物是一瓶非常名贵的香水，价格超过了她一个星期的实习工资。她的女主管说："我不想对你说那些大套话，实实在在地讲，在这个社会上生存，不但男人需要光环，女人也需要光环，只要你努力工作，有了光环的你就会有魅力。这个香水就应该属于你，将来你也会成为所有人眼中的白天鹅。”

这番话让女助理记了一辈子，也因为这一点，她还是回到了这家公司，忠心耿耿地跟随女领导，将事业发展起来。

更有意思的是，如今的她当然买得起名贵香水，但是她说，她永远都不会忘记的一件事是，人生中用的第一瓶名贵香水是谁送的！

讲到这里，想一想，你能让别人记起你什么呢？

送礼要让别人记得住

第三种情况的送礼是为了避免遗忘，来增加情感。

就是说当你没有那么好的礼物可以选择的时候，就不妨增加礼物之间的关联性。

例如，你第一次送的礼物是茶具，那么下一次你可以选择和此相关的礼物，例如茶叶。再下一次还可以围绕茶的主题，送精致的茶点，等等。

通过这么强的关联性，你的礼物也具备了一定的特色，当对方一喝茶的时候，就容易想到你周到的、连贯的服务。

当你的礼物和对方发生关联的时候，送礼送到了心坎上，交往就不再是建立在两个人的地位或权力上的，而是基于相互的尊重与关心，这会带来关键性的转变。

以上列举了不同的方法，在最后要提醒大家的一点是，送礼要送得好，就不能临时抱佛脚。据我的观察，凡是有生活乐趣的人，在挑选礼物和送礼物的时候总能给人以惊喜，所以，这就提醒大家，不但要在繁忙的日子里生存，同时也不要忘记生活。

只有不断发现生活中的新乐趣，并且与周围人分享并感染他们，才能懂生活。如果一个人一直能发现生活中的乐趣，例如找到新的茶楼或咖啡馆，旅游，读到好书，认识新朋友，让生活一直有新鲜感。提升自己，交际能力也会随之增强。

你若精明，格局就小

事事精明，人人远离

生活中，我们会接触到一些很精明的人，你愿意和他们打交道吗？

很多时候，精明人的精明也容易被人一眼看穿。

有家公司有名老员工老李,其他同龄人都升职“带队伍”了，只有他还在原地踏步。老李绝对是个精明人，他不论对待谁都是一脸和气，所以每当新员工入职，所有年轻人都会特别靠近老李。

每当年轻人真的在工作上出现问题的时候，因为老李是老员工，有人就会找老李帮忙。有一次，小王向他请教如何做份总结报告，做过好几次报告的老李还是一脸和气地说：“每个人做报告都有不同的方法，每个人看数据得到的经验也不一样，这个你就自己放手做吧。”

小王做好之后，再次请老李帮忙看看，提提意见，老李还是点头说“做得不错”。就这样，小王把报告交给领导，被领导狠狠批评了一番后，领导交给了老李来做。这时候，老李做得非常完善，将小王没有写的内容都补充完整，赢得了领导的好评。

还有一次，公司开会，让大家对新改革的制度提提意见，老李对大家说："我们如果不多多提意见，他们还以为我们挺满意的呢，所以，这次可要多提些意见。"

会议开始了，大家纷纷提意见，只有老李装深沉，一言不发。后来，领导特意问老李，老李说："大家都说了，我没有其他意见了。"

开会后，领导的结论就是，还是老员工老李识大体。

大家再也没有围着老李转了。在领导层决定让老李带团队的时候，几名年轻员工表示宁愿辞职，也不跟着老李工作，至今老李还在原地踏步。

从这件事情我们可以看到，一个人太精明，虽然短期让人觉得很友善，可是只要相处久了，大家就会发现他的不可靠，这种精明的人很难真正和周围的人搞好关系。只有那些本本分分、实实在在的人，才会最终赢得人们的喜欢。

省下的时间来干吗

精明的人还容易因为太过于计较付出，算计得太准，而失去更大的格局。

拿聚会来说，我们总发现有的人能抓住机会，到处认识人，还有的人就有些木讷，只和附近的几个人聊天。

以前的时候，我也散发过名片。那时候，我还没有什么社会经验，但是看到机会，我也想抓住。可是后来我发现，我交换的名片基本上没有任何用处，虽然那些大人物和我交换名片的时候，态度温和有礼，但是我敢肯定当时我那微弱的社会活动力，在他们眼里，这样的行为一定很幼稚。甚至我在后来，还听到了更尖锐的一句话："人家有头有脸的人鄙视你，还不让你看出来。"

再看看那些有些木讷的人，他们深知一次聚会不能白来，和周围的人适当地深聊一下，即使一次就认识三两好友，日积月累也可以赢得不错的人缘。有时候，精明的人未必会有便宜占。

曾经我在第一本《人脉是设计出来的》里面写道：年轻人想认识成功人士，可以通过写邮件的方法做到，写邮件可比到处发名片靠谱多了。

有一些聪明的孩子就会接着提出问题，这个方法是否有效？很多时候我们发现，聪明人就是爱思考，每当你提出一个解决方案的时候，他总有一个理由来提出这个方案的不合理性，但是什么都不去改变。

也可能因为他们曾经写了邮件，没有收到回复，他们觉得这个行为浪费了时间，非常亏本。可是我想说，有的事情，不能想得太精明，一个人要有向成功人士学习和交流的欲望，这种想成功的欲望，有时很难用成本去计算。

你要自问：如果不做这些，时间会花在何处？玩游戏？多看一小时的泡沫剧？况且，即使没有收到回复，一封有系统的思考的邮件，也锻炼了你的思维能力和表达能力。

所以，花点时间写邮件，不需要任何借口，也不会让你吃什么亏，如果一封电邮不回复，就发两封电邮吧！做成大事的人，都是那些肯花笨力气的人。

小利不舍，大利不来

李嘉诚如此富有，却没有很多人的精明和算计，他懂小利不舍，大利不来的道理。

如此看来，我们在生活中真的应该定期检查一下自己的目光。太精明的目光有时候容易伤害到自己。

我有个朋友，他的一个表弟想到一位名人的私人工作室工作。本来事情都谈得差不多了，可是后来没成。朋友谈起这件事情的时候，一脸无奈。

原来朋友铺好了路之后，面试不过是走走形式，于是他的表弟就从容地参加了面试。面试结束后，正巧名人有时间，就约了他的表弟大家一起出去吃饭。

吃饭的时候，不论谈起什么，他的表弟都很机灵，很让人满意。

要埋单的时候，这家餐厅的老板认出了这位名人，于是就给了名人一张名片和一张卡，并非常客气地说："您能来我的店吃饭，让我很开心，以后您过来的时候，只要出示这张卡就可以打八折。"

名人正在说客气话的时候，朋友的表弟站了起来，很兴奋地说："这张卡能打折，那么能给我一张吗，我以后带朋友过来也管用吧？"

老板还是很礼貌地又找了一张卡给了这个小伙子。

愉快的一餐结束了，小伙子从容地回到家中，等着电话通知上班。可是一等不来，二等也不来，他急了，让朋友赶紧问一下什么时候上班。朋友的电话打过去，了解到的情况是，工作室的人员已经满了，不再需要人了。

他觉得不对劲，找到表弟问了情况，表弟把当天面试的情况详细地说了一遍之后，朋友发火了。

小伙子还是没有察觉，他觉得是名人太小气了。

但是朋友说：“作为一个新人，笨点都没关系，但是你太精明了，利用别人的名气，来满足自己的私欲，今天是一张打折卡，万一以后借着别人的名气，再有些其他的动作。一个名人当然怕你损伤到自己的利益，自然不能留你了！”

就是这样的一件事情，却值得每个人思考。有的事情即使学校没教，老师没教，踏入社会，也要自己迅速体会和把握。

多准备，多收获

为喜欢挑战的人备好难题

一件事情成功的可能性多大，与你做了多少准备有很大的关系。

拿我一位朋友来说，他开了个小公司，吸聚了不少人才，而且人才的流失率很低。他的一个诀窍就是在这个人进入公司之前，就做好了一系列的准备。他对我说，最有意思的是，他会递进式地给一些人准备具有挑战性的工作，当一个人忙着应对挑战，展开工作的时候，他的整个精神状态是充实和饱满的，具有工作热情的人不会轻易离职。

你会为你的生活作多少预备呢？

当你准备见客户的时候，你提前多为对方设身处地地想一想，你的行动就不容易有偏差。

例如，想想有人来约见你，你会有什么样的感受？你当然希望去一个安静的场合，人们通常在第一次见面时，都会有一种不安的感觉。如果约在一个安静的地方，而且面对的是一个面带微笑的人，你的精神状态就会好很多，人们用微笑来缓解这种初次见面时的不安全的感觉。

也许，你还会期待见面的地点能够在一个你熟悉的环境里，任何人在自己的家里或办公室时，心情都容易放松，容易接受外界传来的信息。

当你想到了这些的时候，你选择见面的地点就很容易了，一个基本的准备工作就完成了一小半。

剩下的一大半，还要靠你在业务上的准备。业务上的准备，一定要吃透人心，才能事半功倍。

把好处落到关键的人头上

还记得很多年前发生的一件事情：我陪着我的领导去见客户，在车上的时候，我说了一下我对这次谈判的一些想法，我自以为已经找到了最合理的方案，那就是通过合作，一定能为对方公司解决一些烦琐的问题，会让这个公司的运转效率有所提高。就当我自以为很能把握本质的时候，我的领导低头不语。

后来，谈判的时候，我发现领导没有像我想的那样去谈事情。他说了很多当时我居然认为是废话的话题。我很不能理解，一向话很少的领导怎么突然变得有点八卦。但感觉上很微妙的是，对方似乎又听得津津有味。

离开的时候，我还是不大理解，好几次想问领导，还是没有问，还是想靠自己想明白这件事情。那天晚上我睡不着，直到想明白整个事情的关键点在哪里。

我和领导的想法天差地别，我一直想的是，如何对客户的公司产生一定的好处，而不是做这件事情能对客户产生什么样的好处。

客户并非公司的老板，只是一名中层管理者，对于一名中层管理者，他也只是给老板打工而已，他内心想的可能并不是要让整个公司如何高效，而是做什么对自己最有效。不论这么想是否狭隘，不得不承认的是，我领导的方法奏效了，在后期的工作中能明显看到客户的配合度很高。

这让我想到了一个历史小故事：

东周为了发展农业，提高农作物的产量，准备改种水稻。西周在高处掌握着水资源，知道东周改种水稻的消息，坚持不给东周放水。东周非常着急。于是放出话来，谁能去说服西周放水，国家要给予重奖。

这时，有人自告奋勇去说服西周。他到了之后就对西周人说："我听说你们不给东周放水，这个决定可是不高明啊。"西周人问："怎么不高明呢？"

他说："你们不给东周放水，他们就没有办法改种水稻，只能改种小麦。这样，他们就再也不用求你们了，你们和东周打交道也就没有主动权了。"

西周人问："先生，以你的意见怎么办好呢？"

他说："要听我的意见，你们就给东周放水，让他们顺利地改种水稻。改种水稻就常年都需要水，这样，东周的经济命脉就掌握在你们手里了。你们一断水他们就完蛋，他们时刻都得仰仗你们，巴结你们。"

西周人听了觉得有道理。不但同意给东周放水，还重重奖励了说客。

这个例子在当代依然适用，你进办公室见客户的时候，已经属于表演时间了，"台上三分钟，台下十年工"，前面预备的事情很多。你预备得越好的话，进去的时候表演的信心就越大。哪怕你本来的性格比较腼腆或者说话没那么抑扬顿挫，你都会处在一个良好的氛围里。

帮你的客户解决他最大的焦虑和问题，才能真正地抓到商机。

如果你想成功地拜访客户，就要多收集他的信息，信息就是力量。掌握了信息，你就能找到与他沟通的最佳话题，并且在你拜访完毕要离开的时候，还能迅速抛出一个下次见面的理由，保证交往不被中断。

每一个准备都将为你加分。赢得一个关键的人，胜于你千辛万苦地奔波。

熟知背景，就猜透了他的处境

想做好这个准备，要注意多了解别人的背景。有一些问题对每个人都很重要，这些问题就是：他在工作或者生活中有什么爱好，遇到了什么挑战，想要达到什么样的目标。

可以自己做一个人物分析的文档，大概记下一些这个人的基本情况。这张纸上要记录的东西应该尽可能地回答以下问题：他本质上是一个怎样的人，这个人坚持怎样的原则，他眼下的困境可能是什么，他曾经有过什么令他自己感到自豪的成就。

当然，这不是说你关注他个人就可以，也应该有意识地关注他所在企业的一些新情况，将这个人放在一个大的企业环境里分析他的处境。每个人都会自然而然地关注他所从事的东西，而且这种关注往往比对其他事情的关注要更多。

如果你能先了解他们所属圈子里足够多的信息，然后跟他们说一些很内行的话，他们立刻就会对你产生好感。就像威廉·詹姆士曾经说过的那样："人最深层的本性就是渴望被他人欣赏。"你要让自己的欣赏处在一定的水平之上，而不是仅仅夸奖对方的车很昂贵。

你一急，别人认定对你有利

有些改变只有时间能完成

这个世界上很多人追求成功，追求成功是正常的欲望。可是，如果想快速地成功，往往会带来很多问题。

有一个故事讲了一位年轻人，一心想早日成名，于是拜一位剑术高人为师。他迫不及待地问师父多久才能学成，师父答曰："十年。"少年又问如果他全力以赴，夜以继日要多久。师父回答："那就要三十年。"少年还不死心，问如果拼死修炼要多久，师父回答："七十年。"

在与人交往过程中，想要有一些改变，的确需要一些时间。

丁先生在一家广告公司做业务，工作非常努力，发展了最大的两家客户，经过持续的发展，跃升到管理层。他开始注重人际关系的发展，于是对一个目标公司的重要人物进行"感情投资"。

丁先生是个很有头脑的人，他不但对当下管事的人态度好，而且，对一些年轻的职员也非常好，主动帮助一些年轻人，并不要求任何回报。

后来，丁先生的业务发展得越来越顺利，很大一部分原因要归结于人际关系的顺利，他曾经结交的那些年轻人都随着时间的推移发展起来，成为独当一面的重要角色。原来，丁先生与年轻人结交，也是掌握了一定的方法，例如，他总是通过各种渠道了解他们的学历、人际关系、工作能力和业绩。经过了解之后，认为这个人大有可为，以后会成为该公司的要员时，不管他有多年轻，都大方结交。

那些年轻职员晋升的时候，他一定能够及时地赠送礼物。年轻人自然倍加感动，怎么也忘不了丁先生的情谊。事实也证明，在生意竞争十分激烈的时期，丁先生依然风生水起。他这种放长线的手腕，的确体现了交友要有长远眼光，要注意有耐性地对其进行长期感情投资。

现在的丁先生人脉广泛，又定期主办一些俱乐部的活动，让广告传媒业的精英分子定期聚会。通过这种形式，他的人际关系又得到了发展，他要开展公司的一些业务的时候，也会在俱乐部与朋友们一起讨论，他对于在那儿得出的结论极有信心与把握。

他工作上所需要的交际多半都在白天进行，但有时候夜晚也在做。他不仅常把工作带回家，也常请俱乐部的朋友到家里来。久而久之，他的朋友在不断增加，他还会从周围的人中获得意想不到的成功契机。

人脉不可急，一急就出错

做人脉不可以急，与人打交道办事同样不能急。一些销售人员容易因为心急，欲速则不达。

小李是一名销售人员，他是个争强好胜的人，希望通过自己的努力做出好业绩。他平时工作很认真，因业绩突出成为公司该季度的销售明星。

自从成为销售明星之后，他的心理压力开始大了，对客户的态度也改变了，行动上明显很急躁。每次与客户谈事情，小李总是忍不住希望客户能够立刻决定购买自己所负责推销的产品。他总是不停地催促客户，有的客户心里开始反感起来，本来打算购买，也因为生气而匆匆地离去。

就这样，小李看着自己的业绩每况愈下，心里更是着急，在销售中手忙脚乱，还是忍不住一遍又一遍地催促顾客购买。如果客户拒绝，他就会很生气。慢慢地，小李的压力越来越大，动不动就想骂人，在工作中也是经常出错，最后有客户跑到领导面前投诉小李的态度有问题。小李的急于求成，使自己错误百出，不仅没有提高业绩，反而严重影响了工作，得不偿失。

即使工作需要快节奏，但是工作的秩序还是应该保持，而不应该被打乱。急躁就会出错，凡事急于求成，会导致销售人员出现不好的心态，那么，如何做呢？不必要一上来就对客户说，我有个好产品适合你。可以采取迂回的策略，例如对客户说："我用了几样产品感觉不错，推荐给你试试。""最近忙吗？不忙的时候咱们聚聚吧，顺便多认识几个朋友。"

创造一个好的环境，然后循序渐进，谈话时尽可能用平和的态度来感染对方。

把别人兜里的钱变成自己兜里的钱，绝对不是件容易的事情，要别人接受你就是一件很难的事。有些急性子的人一开始就认定："一定要拿下。"越是这么想，往往会使得心情更为焦躁，一旦心浮气躁或操之过急，对方的心理就会在瞬间发生变化。他会感觉："你为什么说一件事情的时候，态度会变得这么急，一定是我答应了之后，他就能马上有利润了！”

当这种感觉产生之后，这位潜在客户基本上离你就很远了。

态度是语言的调味品

传说日本北海道的雾是相当著名的。人们身在其中，最初并没有什么感觉，等到感觉有雾气时，身上的衣服早就湿了。

这种雾气就是使人在不知不觉中浸湿了衣服。如果有人向你泼水，我们马上就有感觉，但是薄雾最初令人一点感觉也没有，却实实在在地浸湿了衣服。

在与别人沟通的过程中，能心平气和，不急不躁地沟通是种能力，在与他人沟通的时候，要注意倾听他的讲话，并给予情绪上的回应。态度温和平静地聆听代表着理解和接受。

在表达自己的思想时，也不要急躁，沉着地叙述一件事情，表现了自己的涵养，与别人意见不一致或表述不同的时候，也要注意场合，措辞要平和，不会让对方引起反感。

态度是语言的调味品，它可使交谈变得如沐春风，与人谈话时要有自我感情的投入，这样才会以情、以理动人。如果你是一名管理者，对下属有不满意的地方，也不能急，还是要采取一种平和而坦诚的态度提出你的问题，告诉他你注意到他的业绩近来有所下降，并征求他对这种情况的看法。可以平静地问对方：“你自己感觉近期的工作状态怎么样，我们沟通一下一起解决问题。”

当你平静的时候，对方也一定会在平静中进行理性的思考，进而推动事态往好的方向发展。

饭局是场实力的较量

请人吃饭也需要资格

现代社会，有太多的平台都在提醒大家饭局的重要，似乎每个人都知道应酬的重要性。

但是我还是想告诉大家我个人的一点经验，饭局是实力的较量，不要随随便便就约人吃饭，除非你们势均力敌。

近期刚和一位非常有威望的朋友聚会，在咖啡厅坐着的时候，来了一个人认出了他，于是喊了一声朋友的名字，很热情地就过来和朋友聊天。朋友的态度很好，寒暄了几句后，这个人就约他晚上一起吃饭，朋友当然说不去，以我和他晚上约好了为借口拒绝。

没想到，这个人还是不依不饶地再次约朋友第二天吃饭，说有很多问题想向朋友请教，最后还说了一句："您放心，我约的那家餐厅绝对高档。"

听到他这么说，朋友皱了下眉头，以很忙为理由直接拒绝了对方，再也没有理会他。当那个人离开之后，朋友对我说了一句特狠的话："我什么样的饭没吃过，要陪他吃饭？"

于是我就问了一下怎么认识的这个人，朋友说也只是一面之缘，他不想驳人面子所以开始的时候保持了不错的态度。

从这件事情我们可以看出请人吃饭，也要够格，不要随随便便约请，以免被人背后取笑“自我感觉太良好”。

有价值的饭才能换来时间

当一个人刚毕业，还没有完成到“社会人”转变的时候，感觉吃饭是一件既亲切又随意的事，只要自己花钱，别人当然乐意捧场。

可是一个成熟的“社会人”会发现，过去是说我请你吃饭，你可能会谢谢我。现在我请你吃饭，你能来，我觉得你给我面子，我感谢你。

请人吃饭如果没有理由，别人会说出很多拒绝的理由。例如你找人吃饭，别人可能会说，我最近实在是太忙了，还是加个班吃个泡面好了；还有人说真是不好意思，晚上得早点回家，不然要挨老婆批评;还有人说今天太累了，改天吧，现在只想躺下……

于是，我们会发现，如果是上级领导请客，你想缺席也缺不了。只有这种随便的聚会餐，才成了大家眼中的鸡肋。如果关系再陌生一些，一秒钟，鸡肋变鸡骨头。

就像我的邮箱里常常会收到一些邮件，一些陌生人邀请我吃饭，说自己生活中的一些问题，要和我当面聊才能说清楚，请我来解答他们的问题。大部分情况下，我会礼貌地回绝，在我心里，没有要去接触这个人的想法，因为他们没有把我放在一个合理的位置上。每个人都有爱心，但每个人的时间都是宝贵的，我对他们完全一无所知，就去“指点江山”，我有那个能力吗？他们对我的期待是不是超出了我的能力范围，并且误以为我是个热情到大周末不陪家人，到处帮别人解决问题的人？

不得不说，如果你想用一顿饭来换别人的时间，要看你除了这餐饭之外，能不能给他人带来有价值的东西。

总有一个饭局需要你

同别人一起吃饭，能不能吃出水平，这里有一个核心，要看你能不能吃一顿饭以后，让人家觉得跟你吃饭有收获。我们是在平等地交流信息，我替你解决问题，你也给我一些对我的意见和参考。

如果是朋友约吃饭，虽然没有这么功利，但是我也会先问问同去的都有谁，如果其中有人很风趣幽默，让人感觉很放松，我就愿意去，当然如果其中有人攀比心太重，令人一顿饭吃得很压抑，我在内心就会产生逃避感。

饭局这件事于是也成了人们要选择的事情，毕竟对于一些掌握一定资源的人来说，吃饭可能就是个负担，自己去了就有可能被一些人用一顿饭“绑架”，毕竟社交饭局，总有一些目的。谁也不想让自己的钱白掏，内心想的其实还是效果，水到渠成，饭到事成。

这种饭局可别指望能吃饱，即使饭局上觉得酒足饭饱，回家后立刻就饿了。而且去的地方越高档吃得越少，几乎成正比。

虽然饭局让很多人排斥，但是如果一个饭局没有，没人需要你，这就成为一件更可怕的事，这意味着你成了社会的弃儿，圈子外的人。例如有时候大家也在一块吃吃饭，为了更好地交流，提供一些新的理念和观念。还有的时候，吃饭是维系关系的一种方法，比如说同学关系或者是老同事关系，可能做不同的行业，在不同的圈子里面生活，可能很久没有联系了，这种饭局是一种良性的让你维护关系的方法。

饭局有所求，说话要留弹性

如果有合适的饭局，该怎么表现呢？

要用健康的心态去参加，别人请吃饭，我们也不要把自己看得很大。每一次的饭局，都要从中学习到某一点东西，每一次与人接触都可以从中看到自己的不足，还要把握几个重要的原则，例如，与领导吃饭，不论大家谈得多么投缘，环境多么放松，始终不能忘记尊敬二字。

与客户吃饭，一定要真诚、老实。别去显示自己多么精明，精明不是放在饭桌上直接谈的。不要忘记你的对象是客户，不要表现得比客户还聪明，要表现出自己愿意吃亏的样子。与同事吃饭，要有个主题，一般都是因为利益的纠结。不然你想想，上班就很累了，谁愿意再无缘无故陪着同事聊天？聊深了危险，聊浅了没意思。

如果你是一名领导，请下属吃饭，要让他不但吃你的饭，还领你的情！有情才能有义，才能为你创造更多的价值。

此外还要注意几个细节，第一是吃饭的时候，即使自己口才再好，也不能肆意发挥，大多数饭局都有一个主题，要注意观察在座其他人的神态表情，不要让某些哗众取宠的酒徒搅乱东道主的意思。

第二是如果你想请别人帮忙，谈话一定要有弹性，不要做硬性推销。重要的不是你做了什么，而是人们对你的这种方式是否接受。有句古语说得好："吃人家的嘴软，拿人家的手短。"只要他们答应和你吃一顿饭，下次你找他合作或帮忙时，他就不好意思拒绝你了。

第三是在重要的场合下，不能说一些有损形象的话，例如当大家谈到了某个新词的时候，不要急于插话，表现自己，万一说错了，别人觉得你连这个都不知道是很没面子的。如果在饭局上别人提到一个我不知道的东西，可以暗暗记下来，回来以后去查。

吃饭的时候如果遇到了一些矛盾的地方，要提醒自己毕竟是在酒桌上，要尊重不同意见，你有不同的想法也要好好说，不要太过分，不要在众人面前批评某一个人。

没有方向感，圈子成圈套

找圈子别盲目

无论你是否刻意经营圈子，总会不自觉地进入某个圈子中。如果你不自己选择好方向，可能进入一个不适合自己发展的圈子内，受了消极的影响之后，这个圈子就成了圈套，圈住了你的梦想和积极性。毕竟环境对人的影响是很大的，举个大学生宿舍的例子来说，常常会出现一整个宿舍的学生都考上研究生的例子，也会看到有的一整个宿舍的学生都兼职打工，还有的一整个宿舍的学生除了上课以外，其他时间集体玩游戏。一个宿舍就是一个圈子，圈子会影响一个人的判断。

踏入社会来说，圈子就更加重要，因为对于一个人来说，虽然天地是广阔的，但是受体力、财力等方面的影响，他不可能无限地认识人、交往人。固定的信息只能从一个圈子里的人中获得，从这个角度来说，圈子有一定的封闭性。圈子内的人共享一些信息，互相提供一些帮助，而圈子外的人就被隔绝了。

不要盲目到处找圈子，圈子最好是服务于你的职业规划方向，如果有一个同事引荐你到某一个圈子里去，你就很兴奋，但要考量这个圈子是否适合你。圈子可能是圈套，或对你今后的目标也没有多少好处，只会浪费自己的时间、精力和金钱。

有方向地选择你的圈子，要知道这个圈子能为自己带来什么。就如同一些有经验的人培育花木有一套方法，就是把树上一些不能开花结果的枝条剪去，使树木更快地茁壮成长，让以后的果实结得更加饱满。如果保留这些枝条，非但不会结更多的果实，反而会让果实减少。还有一些有经验的花匠，他们会把许多快要绽开的花蕾剪去。剪去大部分花蕾后，可以使花木所有的养分都集中在其余的少数花蕾上，而这些花蕾就可以生长得更好，开得更艳丽。

对于信息社会来说，不是没得选择，而是可以选择的东西太多了，也会让人迷失，例如你喜欢旅游，就有“驴友圈”；你喜欢篮球，也会有篮球圈，究竟选择什么样的圈子，要看这个圈子里都有什么样的人。还可以利用自己的资源，自己组成一个良性的圈子。

规模大，不如实力强

有的销售人员就会利用资源组成圈子，因为这属于一个专门门类的圈子，这个圈子是靠所有人都有一些共性而慢慢聚集形成的。这样的圈子可以定期组织一些活动，所有人在一起可以做的互动的活动非常多。并且，通过这种专业化的圈子，还能从不同的成员中获得一些重要的信息，有助于事业的开展。圈子前期的经营肯定会花费精力，但是只要坚持，有节奏地保持接触，圈子的影响力就会越来越大，就会吸引更多的人加入其中。

圈子里的人是会互相影响的，等大家熟了之后，你就会发现一个特别有意思的事情，如果有的客户需要产品，后来没有买这个圈子里的人的产品，他会有很大的情感上的压力。因为在一个圈子里，人品就显得格外重要。想想看，不了解你的人在外面到处说你不好，可信度并不高，但是如果和你一个圈子里的人，评价你的人品很一般，那么就会特别影响你的口碑。

对于销售人员来说，这样的圈子经营得当，是能够帮助自己的。当然，这样的圈子刚开始的时候不用把它想得太大，三五个人也可以成为一个圈子。只要利用好相似性，多多地参与到圈子里，多多地组建自己的圈子，那么在市场上做起生意来就会轻松很多。

进入圈子之后，无论自己的位置在核心还是在边缘，都要尊重自己的形象，虽然圈子内的人和你的关系很近，但毕竟他们不是自己最亲近的朋友。在职场中，很多性格相近、能力相当的同事走在一起，成为一个圈子，但这不代表自己什么话都可以在圈子里说。如果你和圈子外某个人有矛盾，尽量不要在你的圈子里传播，这些信息有可能给别人造成困扰，因为“你的敌人未必是你圈友的敌人”。要尽量给圈子里的人提供支持，而不要制造矛盾。别忘了小圈子的目的是让大家能够和睦交流，若就此给别人带来感情上的压力，别人就可能从游离于圈外，到退出圈子。

丰富比单一好

想在圈子里生存得好，要允许圈子里有一些成员和自己之间的差异。有个故事讲的是，寄居蟹和海葵同样是一对好朋友：寄居蟹通常寄居在空空的螺壳里，一旦定居后，它就会到处寻找合适的海葵，然后将其放在螺壳的入口处。海葵是一个尽职的好门卫，每当它感到危险靠近时，便会展开它葵花般的触手，使得敌人不敢靠近螺壳。寄居蟹总不会忘记海葵为自己作的贡献，每当捕到食物时，总会慷慨地分给海葵一些。

这个故事告诉我们，即使不是同类，两种生物也能够友好相处。对于人际交往来说同样如此，你的圈子要有一定的专业性，同时也不要排斥非自己专业范围内的“圈友”。例如一位室内设计师，他需要吸收很多的知识，要根据不同人的特点去设计不同的房间风格。如果圈内有一些不同身份的人，一位设计师可以去结交这些不同风格的人，这样，当同行业的一些人要求他设计的时候，因为对人有充分的了解，他就能迎接这个挑战。

最后要提醒的是，一个人可能同时存在于几个圈子之中。如果一个人既有专业的圈子，又有篮球的圈子、斯诺克的圈子、“驴友”的圈子等，这证明了这个人在各方面的涉猎和能力。但是如果因为自己各方面都懂，就投入各种圈子，这就会导致心理能源的巨大消耗。毕竟圈子也是需要经营的，圈子里还是人与人的交往，只要是与他人的相处，就一定需要你的付出，包括信息、金钱、时间、精力等。过多的圈子就像一张无形的网，这张网会网住你自己的时间和体力，得不偿失。

不只找朋友，要找有用的人

人脉有层次

人脉不只是找朋友，而是要找有用的人。就如同你生命中出现的贵人，在很关键的时候向上推了你一把的人未必是你的朋友，而只是机缘巧合的人。当然，后来他也可能成为你的朋友。

根据需要的程度，我们可能会给人脉分出几个层次。

（1）最需要的人

这部分人多是和你的职业发展相关的人，找好这部分的人，一定不要以为只有你的上级领导。拿一名营销经理来说，他最需要的人可能是他的直接领导、公司决策人、重点合作的同事、带领的下属以及和自己发展密切相关的一切大客户，这些人都是他最需要的人。

（2）需要的人

这部分人可能是将来对你有用的人，会在最需要的人的基础上，增加范围，拿营销经理举例子，他除了最需要的人，还需要的人可能有其他部门的领导、不定期合作的同事和一些潜在的客户。

（3）可能需要的人

这部分人指的是在未来可能对自己有重大或一定影响的人脉

资源。比如公司未来可能出现的中高层、有发展潜力的同事，以及自己的朋友、校友等人也可能在未来发挥你想不到的作用。

那么你可以将自己的时间合理地分配给这些你最有用的人，经营这部分人际关系的时候，要懂得适当的时候放下个人的情绪，以保持联系和互相合作为前提。

会做局，布长线

我给大家讲个很有意思的案例。有一位女性负责推销价格不菲的护肤品。

她做销售有一件很有意思的事情就是，每到一个新的地方，还没有开展业务之前，她真的会花时间和精力去寻找很不错的发型师，她不但自己做头发，还会去和发型师交朋友。

她不会让自己的精力白费，她认识的发型师大部分情况下都能帮助她发挥巨大的作用。据她自己所说，消费此等价格护肤品的女性大多数属于小资阶层，对自己的形象比较讲究。

她相信自己的产品能给她们带来改变，还要让客户看到她的产品带来的神奇变化。她不但推销护肤品，还推销保健品。护肤品和保健品一起发力，共同增强功效。

她结识的发型师对她工作的展开至少发挥两层作用：在接近客户的过程中，因为客户是女性，由于她认识很不错的发型师，所以她就能给客户提供一些方便。比如当客户购买了她的产品后，还能有额外的福利，那就是一些客户在她的推荐下，找发型师设计造型可以打个折，或者预约更方便一些。很多女性容易被这一点小小的优越感征服，而因此感到内心很满足。

在后期使用产品的过程中，由于客户的发型发生了变化，发型也会带动一个人精气神的变化，有可能的情况是，当客户遇到认识的人的时候，大家就可能这样搭讪，如“你精神了很多”“你变得更漂亮了”等，这些赞美之词会让客户更加相信是保健品和护肤品的力量，让自己的状态变得更好。

对她来说，发型师不是她的朋友，她却把发型师变成了对自己有用的人。

赢点不如赢面

一个人行走社会，总是需要很多有用的人，能够帮助自己，同时自己也能为别人创造价值。

为什么在这里要来强调人脉不只是找朋友，还要找有用的人呢？拿上述例子来说，想推销自己的产品给女性，就要了解女性的心理需求，就要刻意地结交一些人。

不得不说，我们面对的人很多，要结交的却并不多，对于大部分人来说，每天接触的就是一群固定的人，如果不刻意设计和经营，谁都容易因为懒惰而故步自封。

从一定程度上来说，刻意交往的人在我们的人脉分类中，属于可能需要的人。举个例子来说，一名商人在可能需要的人里面会有一名小学老师。为什么会这样呢？当商人的孩子上学后，需要家庭辅导的时候，社交的范围内有一位老师，此时就会发挥作用了。

可能有人会有这样的疑问：我的孩子需要补习的课程是物理，可是我认识的这位老师是语文老师，这样的话，他就帮不到我了。

这样想就有点片面，毕竟语文老师接触最多的人是谁？还是学校里各科的老师，他自己不教物理，但是他可以用最快的速度帮你找到能帮你的人。

如果这样想，你就能够知道人脉的重要作用。

很多时候，我们都需要专业人士的帮忙。例如，当你的领导要求写一份策划书，你感觉这是个非常好的机会，但是除了文笔好之外，你自己不具备这种实用文体的写作能力，那怎么办？再比如，当你想要创业，虽然你想好了干什么，但是你不会进行财务管理，那怎么办？

有一技之长的专业人士，总有可能成为你的需要。这就要求在平时，应该刻意结交一些相关的专业人士，像律师、财务、培训师、人力资源的专业人士……到关键时候他们就能够帮助到你。

及时还人情，让自己更有用

当然，不能总想到别人对自己有用，还要让自己对别人有用。自己在得到帮助的时候，要及时回报。

我记得曾经看了这么一个小故事，说的是办公室有两个人，有一次，有个人请另一个人帮自己值了两天班，没想到回来之后，帮忙的这个人就开始颐指气使地让对方打水。

这让被帮助的人心里很不是滋味，于是他就想了一个方法，那就是请客吃饭，将顶替值班的人情债还掉。

吃饭的时候，一方很直白地说这次请吃饭，就算把顶替值班的事给还上了。没想到另一方说：“一顿饭就能还上？临时要帮你值班，可不是我一个人的事，我要及时通知我老婆去接送孩子，还得赶紧通知我妈去我家帮忙做饭，我们全家都在付出……”

这个故事很诙谐地讲了两个人相处的一件事情。从这个事情中，我们会学到两个方面的知识，第一方面是，当我们帮助别人的时候，不要因为帮过别人，就给别人施加压力。因为今天你帮了别人，说不准将来什么时候别人就能帮到你，不能仗着帮过人就过度索取。

第二方面就是说，当我们被人帮助后，还人情要及时，如果不及时还，等到别人内心感觉不满的时候，转而开始索取回报的时候，事情就有点儿变味了。毕竟当帮助自己的人不是亲朋好友的时候，大家希望能及时得到回报，而不是留到将来都要天各一方的时候，人情还没有回报。

最后，还人情的时候，要注意语言不要太露骨，拿上面的例子来说，虽然帮助人的人显得很小气，但也是人之常情。毕竟别人在自己最需要的时候帮助了自己，所以被帮助的人在请人吃饭的时候，要表现出更多的感谢。

亲和力就是生产力

有思考力才有亲和力

讲到亲和力的时候，我想到了当年读大学时期的一位“老大哥”。

他的亲和力让他不必靠成绩，不借助社团活动，就成为大家都想接近的明星。他在面对一些人、一些事情上所表现出来的亲近感，令每个人感觉亲切自然。现在他已经是上市公司的高层，他的成功，我们那一群人中没有一个人感到意外。

他并不老，只是在他们老家，上学入学晚，比我们大两岁，但是我们都非常尊敬他。

他给了我很多启发。令我印象最深的是有一次，宿舍里的一个同学去食堂打饭的时候，说了一句请给我来一盘宫爆鸡登（宫保鸡丁）和土豆僧（土豆丝），大家哄然大笑。这个同学因为普通话不标准，心情很不好。

这个同学去找老大哥诉苦，说大家歧视他普通话不标准，嫌弃他。

没想到老大哥说，正是因为大家大笑，才证明大家没有特殊照顾他。特殊照顾有时候才是一种歧视。如果每个人当着他的面不笑，而在背后讥笑，那才是问题。

这种成熟地看待问题的角度，对我的影响非常大。

后来，我刚出来工作的时候，也常常用这种态度来提醒自己。当我还是个新人的时候，与各种性格的领导共过事，其中有一位领导是出了名的暴脾气。我的资质在同一批的同事中很一般，记忆最深刻的一次是有位领导当着我的面把我写的汇报给扔了。当时还有另一位同事，也做了汇报，他是有名的关系户，进去递交汇报的时候，领导却平静地指导了几个问题，让他修改而已。

从办公室出来的时候，我感觉胸口像有沉沉的乌云压住了。正是因为想到老大哥的话，才让我没有深陷在丢面子的格局中跳不出来。

老大哥说，特殊照顾有时候也是一种歧视，这句话瞬间进入了我的脑海。我想，也许领导对另一位同事特殊的态度才是一种歧视，并不值得羡慕或者妒忌。正因为我的汇报写得不太全面，而且没有时间节点等问题，领导态度不好应该是一种正常反应。

我努力再努力地调整了自己的心态，回去结合领导给另一位同事提出的、而我也在场听到的指导，重新做了一份汇报上交。结果是顺利通过。

也许当时的想法的确是自欺欺人，但是没有老大哥的那句话，年轻气盛的我就跨不过去那道坎。后来我的这位领导单干的时候，给我开出高薪的条件，虽然我婉拒了，但是后来发生了一件对我很重要的事，这位领导义无反顾地帮助了我。

至今我都很感谢同宿舍的那位老大哥。他的亲和力不仅告诉了我们要友善地看待别人，更从根源上告诉我们为什么要友善地看待别人和世事。

你的笑，让对方放下架子

亲和力对于每个行走社会的人来说太重要了，有人曾经说，如果想要天天点钞票，就要学会张嘴就会笑。日本著名电器老板松下幸之助说："以笑脸相迎，这就是有偿服务。"无独有偶，美国夏威夷这个地方，也是以它热情洋溢的笑脸，每年接待来自世界各地四百多万游客。曾有人这样评价夏威夷："阳光、大海、沙滩我们也有，但夏威夷的笑脸，只有在这里能找到。"

生意场上，笑代表了一种善意，具有很大的作用，没有人不喜欢和一个精神充实、笑容饱满的人打交道。你想从客户兜里取出钱来，你想取得客户的信赖，就要在建立稳重形象的基础上，给对方送上善意的、和善的微笑，这种亲和力一旦发挥，即使遇上难缠的客户，也能使其在你的微笑面前放下架子，这正是笑的亲和力产生的心理作用的结果。

不但大的生意是这样，就算是一名汽车销售员或者是保险销售员，也必须做到让别人第一眼就喜欢你。第一眼之后，以后的相处也继续被吸引。一位从事了多年房地产销售的客户经理曾经作了这样的总结，亲和力会引导别人的行为。正如去逛商场有时候没打算买衣服，不过碰到一位会说话、会建议的导购，能让你花了钱心里还很舒服。而有时候想买东西，看到态度恶劣的导购，也会空手而归。以我们卖房子而言，要让客户对我本人感觉信任、亲切。所以，我定期会给员工培训一些说话技巧，告诉他们怎么说话对方爱听，不过这所有的培训综合到一点上都是培养一种有竞争力的亲和力。

多角度看问题，你就有优势

就个人魅力而言也是如此，如何让自己具有亲和力呢？能够多角度看问题的人、有超前眼光的人、有思想深度的人比较容易具备亲和力。他会让你主动走近他，而不是他把你拉过去。

这样的人在工作上基本达到了不怒自威的程度，当他们有一个想法需要实施的时候，会节约很多沟通成本和时间成本。所有人都能够很信任他，会主动地按他说的去做，而不需要使用任何权威及强迫手段。这种亲和力，会让所有人在一次合作中，保持愉快的心情，体会到工作的舒心和充实。

除了有思想上的优势，一个有亲和力的人还要通晓人情世故。在职场中，亲和力不是靠严肃的惩罚制度来产生的，而是一种自然而然的力量，它让团队里的成员在与你共事时感觉到快乐。

给大家举个例子：林先生十分讨领导的喜欢和受下属的爱戴。

在领导面前，林先生永远都是给领导如沐春风的感觉，为人处世很周到；在下属面前，林先生则是一位很贴心的领导。

在每次加班的休息时间，员工们加了一会儿班，就会凑在一起玩一会儿“杀人游戏”。

公司不允许在工位上玩这种游戏，要玩只能去休息室。但林先生看到全公司只有他们团队加班的时候，认为并不影响他人，反而能够提高员工的积极性，让员工得到一些合理的休息和娱乐，所以，林先生并没有禁止。员工们非常佩服林先生的宽容，大家都很庆幸自己有一名如此开明的领导，林先生的威信也是水涨船高。

在人与人的交往中，大家都很讨厌完全“一脸正气”缺乏人情味的人。过于刻板的人往往都不大有亲和力，因为每个人都是活生生的人，除了做正确的事，还要在不影响他人的情况下，做一些愉快的事才能充实自己的生活。

自下而上发挥影响

克制坏念头，你会变得更好

即使我们不会刻意给人分级别，很多时候，我们根据所要面对的人的职位、分量、利害关系，也会把他们的名字在心里从上到下排列下来。

如果你把公司的领导排在了心里空间的上层，把下属或者是发展没有你好的同事放在了下层，那么要注意的是，不要总盯着上面看，即使上面是你的目标，也要稳固好在你下面的人。只有这样，影响力自下而上发挥，你才能够得到自己想要的。

人们容易轻视那些感觉不如自己的人，这对于做事来说，要刻意地避免。

小赵的表姐做生意，小赵常常在同事面前炫耀，他从表姐那里买数码产品能优惠。因为他总说，所以就有人找他买产品。部门经理、主管和普通同事都找过他。

小赵明显把人分出了好几等，普通同事找他的时候，他一般的态度就是推三阻四。等到主管找他的时候，他就会立即办理。等到经理找他的时候，他给经理的优惠又比主管的要多。

就这样，除了经理对这件事情没有意见外，搞得整个办公室的同事都对他非常不满。大家知道了小赵是个怎样的人之后，纷纷疏远他，最后的结果是，当部门要分组完成一件工作的时候，大家都不愿意和小赵一组。这件事还让经理有点不高兴，提醒小赵要搞好和同事的关系，要学会如何与大家相处。

精明的小赵耽误在自己的精明上，所以我们宁愿笨拙，也要克制自己内心一些不好的东西。当你修炼得越来越好的时候，才能够得到大家的信服。

也许有人会说，像晋升这类事情，那是领导决定的，和同事搞好关系有什么用呢？实际上，领导并不是傻瓜，他能给一个人上升的空间和位置，必然是这个人已经具备了这种能力和素质，所以这种影响是自下而上累积的，在上层形成一定的质变后发生的。

对待小人物决定你能走多远

你会如何对待小人物，一定程度上说明了你会走多远，你会不会因为对方是小人物，而轻视别人或者对他乱发脾气呢？

我还记得一个朋友说过这样的话，她说一个女人该嫁给什么样的男人，往往带到餐厅里吃饭看他的态度就能看出来。如果他对餐厅服务员很没有礼貌，态度非常轻蔑，这就是一个不好的苗头，因为当服务员处于弱势的时候，没有得到尊重。在婚姻关系里也是如此，当女人处于弱势的时候，也可能得不到应有的尊重和照顾。

每个人都有一些脾气，但是我们会发现，很多做大事的人，他们都不会对小人物发脾气，而且越是成大事的人，越不会乱发脾气。因为他们每发一次脾气，都是为了树立权威，而不是来损伤自己的形象。正如有一句话说的是，踩死一只蚂蚁是容易的，可是它的死只能反衬出施害者的卑劣和无能，这样的人生注定失败。

与不如自己的人搞好关系的人，即使那些人不能直接给你带来什么，但能在最关键的时候推你一把。不懂“不卑不亢”的人永远只能干活，不能管人。

那些你曾经以为的小人物，谁也不敢保证有一天，他们不会成为红人。

当年，我的领导有一名助理，这名助理在我们眼中，工作认真负责，做事又很仔细，此外倒也没有发现别的才能。但是就是因为她的仔细、负责，做到了别人做不到的，所以领导对她给予了很大的信任。

她对待每一个人的态度都很温和。例如，当我们一群人在一起吃饭的时候，偶尔遇到某些个“愣头青”，说了几句对领导的意见，她总是一脸无奈的微笑，不说话，仿佛她在心理上也是能够理解这个情况，只是碍于身份不便表态。大家也相信她为人淳朴，不会把下面人的牢骚告诉领导。

这名助理对领导的态度也非常正确，在领导面前，她知道该说什么，不该说什么，非常有分寸，从来不会激化矛盾，而给人的感觉总是在帮大家解决问题。

别人也不敢轻视她，与她彼此保持了非常友好的态度，事实证明，这种友好的态度是必要的。

有一个阶段，领导心事重重，因为运营需要，他要新设一个部门，关于找谁管理的问题让他颇费思量。有一天，一个偶然的原因，我找领导签字，他看着我，对我说：“你看新部门，让谁来管理呢？”

我一惊，赶紧去观察他的表情，他看着我，似乎又没看着我，他给我个梯子，我哪敢顺着梯子就往上爬。于是我赶紧说：“这种事情是我的能力思考不到的。”

领导说：“没事，你就随便说说你的看法。”

我赶紧装模作样地说，虽然在我们部门中，有能力的人很多，但是这件事情还是得让领导主持大局，不妨找几个人组成一个管理小组，遇到事情的时候，就报告给领导的助理，助理再根据轻重缓急，向领导反映，由领导进行决策。

说这种话的时候，我观察领导的表情，不得不佩服，凭我的眼力，看不出领导在表情上有丝毫的倾向性，也判断不了他的真实想法。

不过最后他的决定果然证实了他对助理的提携，在众人惊叹的目光下，助理被通知代理新部门的管理者，代理日常工作。

社交无秘密，知行合一难

一个成为金牌销售的朋友，讲起自己做的第一笔业务。

那时的他就懂得了要和看似不重要的人搞好关系，他做第一份工作时就能够与客户公司的前台处理好关系。每次他看到前台的时候，都有一种温和的彬彬有礼的态度，请前台帮忙拨打分机号，给有关负责人约见。

后来，他又开始做房产销售，他总是能和大门管理员搞好关系，例如在过中秋节的时候，他会记得给管理员送月饼。

这样，如果有人打算买房子，问管理员的时候，他们就会赶紧把朋友的电话留给别人，大大增加了成交的可能性。

这并不是什么秘密，但是做到的人不多，而朋友就靠着这一点越做越大，至今，他对待别人的态度都非常礼貌从容。

吃亏是门技术

吃小亏，不吃大亏

吃亏未必是福，别人说吃一堑，长一智，实际情况真的是这样吗？

未必。

人人都不想吃亏，人人都可能会吃亏，不是每个人吃亏后，都能长一智。要看他是否懂得总结，总结对于提高一个人认识世界的能力来说太重要了。

就像我们常常会说，经历很多事、见过大世面的人很成熟，有城府。但，是不是每一个经历丰富的人都很成熟、有城府呢？

显然不是。城府深不深，经历确实起到重要的作用，但这只是一方面的原因。

城府还跟一个人的个性有关：比如非常感性的人，自身感情容易妨碍理性思维，即使知道得失利弊，恐怕也难做出符合理智的行为。这样的人即使经历再复杂，也做不到有城府。只有及时归纳总结，才能从感性的状态投入理性的状态。

拿吃亏这件事来说，吃亏是门技术，要看你如何发挥。基本上我们要把握这样的一个原则，那就是宁吃近亏，不吃远亏；宁吃小亏，不吃大亏。

给大家举个例子：小李自己开了一家餐馆，经营得非常好。说起他的故事，要从毕业后做的第一份工作开始，他当时找不到工作，只有一家餐厅虽然不缺厨师，但是缺一个配菜师，于是小李就决定留在那里。一方面，小李做配菜的工作，离大厨的位置最近，可以向大厨学习一些新的菜式和技能；另一方面，他也学到了本来厨师没有注意的关于配菜的知识。

可能由于他特别勤快，干活起劲。饭店忙的时候，他还利用休息日去后厨帮忙。当然，无论干得怎么样，他的工资都没有涨过。

他这样工作了快有两年的时间，学到的知识也很丰富了，就在他打算离开的时候，饭店的那位厨师离开了，据说是回老家单干了。于是，在没找到合适的厨师的时候，小李马上自告奋勇地对老板说，给个机会试一试。小李很争气，这个活儿果然就被他扛下来了。

大厨的位置就属于他了，他在那家饭店又工作了三年，终于攒足了小本经营的钱。当自己创业的时候，就轻车熟路了。

这个案例中，小李的行为虽然说不上吃亏，但是让我们来想想，如果不给你涨工资，你是否愿意在公司中，再多干点活，顺便多学个技能呢？恐怕很少有人能做到。

很多人都在做同样的工作，结果却不一样，只有不怕吃亏，想得远的人，才能在最后领到最高的奖励。

吃近亏，别吃远亏

给领导当助理，这个工作一点都不简单。你的领导并不在乎你有多优秀、多出色，对他来说，他不需要天才，他只需要一些肯干、踏实的人。有的时候，不能太较真，要看你能把事情想到第几步，做到第几步。

在我认识的人中，我就曾经接触过一些做领导的朋友，他们的助理工资简直会让人大吃一惊。

讲其中的一名助理小王的故事：

小王刚大学毕业就给李总当助理。但是她做事非常体贴到位，李总第一次注意到她，是因为有一次，小王进办公室问李总有没有签署一份文件，李总当时走神了，就很随便地打发小王，说："我从来没看见过这份文件。"

小王"噢"了一声后，想说话但是什么都没有说，她立即走回工位，在电脑上找出文件，重新打印了一份，再次让李总签字。

后来，有一次，李总在自己的公文包中发现了这份文件。想起小王做事的态度，李总就对小王格外留心。

有一次，有份工作报告，他让小王做一下试试看。小王做得很用心，她找了很多人，问了很多方法，虽然做起来很费劲，但这个女孩没有投机取巧，终于做好了报告。

做好报告交给李总的时候，李总扫了一眼，说了几句："花架子是有了，但是这个报告最需要的是数字，数字才是这份报告中最核心、也是最难的部分。这部分的内容虽然你不懂，但是你还需要把数字总结上来然后试着分析一下。"

李总是个很严肃的人，后期这个报告还是交给了其他人来做。在一般人看来，自己额外付出了劳动，写了报告，还得不到领导的赏识，肯定以后再也不会干这种“出力不讨好”的事情了。

可是令李总万万没有想到的是，小王居然利用业余时间报学习班，去学习了三个多月的会计学知识。仅仅是因为她知道自己本科学的是中文，欠缺一些数字方面的知识。

后来，李总再让小王做分析的时候，明显能够看到这个丫头做出来的东西非常有章法。到后来，甚至一些重要的项目他也让小王来做，小王的工资当然也水涨船高，超过了助理级别的待遇。

从这个例子中我们能够看出，在职场中，在生活中，你的努力，千万不要担心没有人看到。如果让你去做一件从未做过的事情，千万不要认为是无用功，你与别人不一样的想法和价值，会点点滴滴地在每一个细微的动作里面体现出来。

吃亏是种长远的投资

很多人都讲“吃亏是福”，这个观点说起来很容易。但是吃亏的事情真的落到自己身上的时候，估计大部分人是很难接受的。

与其说吃亏是福，不如说吃亏是一种投资，要靠技术来完成这个投资。

小程从事 IT 工作，原本他在一家不出名的小公司工作，为一些大客户服务。

有家大公司要完成一个项目，其中有个环节耗时耗力，于是就外包给这家小公司。

在领导的任命下，小程和其他两个伙伴成立了三人项目组，到大公司进行服务。坦白地讲，这不是个轻松的活儿，他的收入并不高，而且大公司的要求又很严格。每当出现小问题的时候，都是小程跑在前面替客户解决问题。最让人感到辛苦的是，大公司的某位领导通过一个聊天的机会，对小程三人旁敲侧击地说明，如果三个人的手机能随时处在开机的状态就好了，因为随时有需要，希望能够找到人。

其他两个人听出了这个意思后，马上沉下了脸，而且每次一到下班时间，就故意把手机关机。两人对小程说："他们有什么权力来安排我们的工作？况且，他们是给了一大笔钱，但是钱是给我们公司的，又没落到我们个人头上，凭什么呀，我们不用管他，下班咱就关机。"

小程是个很忠厚的人，他也明白下了班自己没有义务再来服务了。可是有一天下班后，他看到来电显示是公司的时候，还是接听了电话。听说有问题的时候，他赶了过去，没想到，其他两个搭档没有过来，于是小程就只能一个人熬了一晚，解决了问题。

这让大公司的这位领导非常满意，于是在解决完问题之后，就要给小程塞一小笔感谢费。小程克制了内心小小的欲望，还是没有收这笔钱。

辛辛苦苦地把这个项目做完，小程和其余两个同事都回到自己的公司。突然有一天，小程接到了一个电话，原来大公司的领导对小程留下了非常好的印象，从商业操作的角度来说，大公司的领导想，与其经常花费大量资金外包这部分业务给其他公司，不如在自己公司成立这样一个小部门专门做这件事。成立这个部门就需要一个可靠的人来做事，他第一个想到的就是小程。

后来，小程顺利办理了离职手续，大公司的那位领导留给他的位置是一个部门的管理者，工资收入也比在以前的公司提高了两倍。

这个案例告诉我们，要想钓大鱼，必须舍得放长线。

危险场面话，说错伤人心

特殊场合讲究多

很多人都会学一些场面话。有人开玩笑说，如果去洗手间的时候总是遇到自己的领导，会有点尴尬，或者遇到同事也不适合一语不发，于是就可以说一些场面话，幽默一下，缓解一下尴尬的气氛。例如说“人生何处不相逢，此处相逢胜别处”“你也亲自过来”，或者聊聊天气、聊聊最近忙不忙之类的。

很多场面话，的确有特定的要求和约束，这体现了一种理解。例如，大家参加婚礼的时候，会发现主持婚礼的人说话是非常讲究的。

仪式甜蜜地进行着，一切都很得体，当大家准备祝福的时候，主持人一定会说一些“满饮此杯”的祝福话，但是他不会说：“随着一对新人喝下交杯酒，这场婚礼就到此结束了，大家请满饮此杯！”

因为“婚礼结束”是一个非常不吉利的话，这显然就是场面话这一关没过，正确的说法应该是“礼成”。

当然类似的场面话，不需要每个人都去掌握。场面话，毕竟是用于一些特殊场合的话，有专业的人士专门去应对和讲究，我们只需要在大场合少说、多听即可。

别人说场面话，你得会接话

这里我要说的是一些危险的场面话。你要留心别人问你，你如何应答；别人出现一些状况，你如何说。

如果你在公司工作，对待周围同事的场面话，一定要用场面话圆过去。例如，有时候，你接受了一个要保密的工作任务，这个任务重，压力大，你不免也可能流露出一些焦躁的情绪，如果你旁边的同事说一句“怎么了”，你真把这句话当做关心可就麻烦了。有的人仅仅是说一句场面话，还有的人就想套到一些信息。

你会发现，当你说完究竟是怎么了的时候，对方再稍微说几句场面话就给你打发了，他既不可能来帮助你的工作，也不可能和你一起去抱怨老板。如果你说对方有心机，套问你的信息，对方就会说，看你心情不好，随便问了一声，说了一句“怎么了”的场面话，没想到你会说出那么多。

况且，对方的工作也很忙，也可能对方真的就是场面上的关心，他当时根本没时间真的听你汇报究竟是“怎么了”。

这让我想起了一位有意思的领导，他是一名高管，每过半年，他会组织召开一个和基层员工的交流大会。其他高管在大会上鼓励员工提出问题，大家还是很沉默。

轮到他的时候，大家积极提问，愿意把自己心里的话问出来。因为他总会说一句场面话，例如“我就在等待有人能问这个问题”“这是一个好问题”“这个问题回答起来有难度，但是很有意义”“不错的问题，说出了自己的心里话”。在这样的鼓励下，他收集到了最全面的信息，很好地带动了团队的积极性，起到了召开交流会的真正目的。

让人品一落千丈的错话

哪些场面话是坚决不能说的呢？说了，绝对会让你的人品瞬间一落千丈。

第一种情况就是别人丢钱，你不心疼。给大家举个例子，一个办公室里，有位同事由于一个失误，被公司扣奖金了，哪怕是被扣了一百元钱的奖金。这个时候的场面话很微妙，不必帮着同事骂公司，但是也要对这一百元钱表示叹息，如果你说一句：“没事的，别往心里去。”话说到这里，尚可。万一你再接一句“不就一百元钱嘛”，我保证你的人品会瞬间下滑。因为一个人自己做不到的事情，千万不要去要求别人。不得不说，换任何一个人丢了一百元钱，哪怕是丢了十元钱，内心都会有些不快。更重要的是，你一定不要对别人的钱表现得很大方。这不是你应该说的话，无论你内心是不是真的这么想。如果是别人的钱，每一元钱都是大事。一定不要“花别人的钱，显示自己的大方”。

当然如果是自己被公司扣钱了，要先从自身找原因，要记住钱是为什么被扣的，让每一笔钱失去得有价值、有意义。

当同事买了特别贵重的东西的时候，千万不要说“不就一千元钱嘛，我上次买的一万多……”此类的话，会让人感觉你是故意为了寻求优越感，在语言上给别人施加了一种语言暴力，对其他人构成非常大的恶意。

第二种情况就是，自视清高，不知善恶。也来给大家举个例子：平时大家都是6点钟下班，突然大家接到消息，今晚公司重要高层要视察工作。于是你的同事对你说，今晚别急着走，6点不要马上下班，领导过来的时候，你的工位上没有人可能对你印象不好。如果你随口就说了一句“没事，我是个真实的人，该下班就下班”，然后你走了，别人不会说你真实、有胆量、心口如一，只会从心里疏远你，觉得你不近人情。

第三种情况就是求人办事的时候，你接错了话，随便说了一句不该说的场面话。本来你知道你求别人办的事一点都不麻烦，在对方所处的情况下，只要一句话就能解决的事，如果你说谢谢，对方说小事一桩，你可不要真的接话说“嗯，是这样的，这种事对你来说是小菜一碟”。说完这句话，对方就感觉变了味道，他会立即觉得帮你的不是一件小事。本来是他说一句话的事儿，但是他觉得自己不是还要欠别人一个人情吗？

当然这里要告诉大家的是，如果对方真的只是帮了你一个小忙，你表示的感谢重了一些，对方也不会因为你说的感谢的话重了，就感觉他自己帮了你天大的忙，而因此居功自傲。一个成年人对事情是有判断的，他只不过在心里会感到你对他的重视，让他感觉帮了你，值！

以上仅仅是列举了三种情况，我们生活在一个巨大的人情社会中，还有其他的情况都要多加注意。在这个过程中，永远不要忘记把握一个原则：就是真正地把对方的感受放在自己心里。

第二章 克己达人：为你的名字打工

处好难处的人，锻炼成熟度

利用别人性格中最好的一面

有一句话是这样说的，不到极逆之境，不知和顺之安；不遇至刻之人，不知忠厚之善；不经难处之事，不知适意之巧。大概的意思是人不到了极其不顺的时候，就不会懂得安和顺适时候的安定；在没有遇到非常难以相处的人的时候，就不会懂得忠厚之人的那种善良；不经历难以处理的事务，就不会明白万事顺心的那种顺利了。

在每个人的生活中，都会遇到一些让自己感觉不那么舒服的人，这些不舒服的人，你是躲避不了的。如果我们用不抱怨的态度，客观地看待这个问题，我们会发现，如果你能和这些难处的人相处得不错，你的人际交往能力就往前大大地迈进了一步。

想想看，一位公司的领导，他手下要带多少性格不同的人，有的同事我们会感觉他特别难以相处，同样他对领导也是如此，也会制造一些不良事件，给领导找麻烦，但是他们是不是都被开除了呢？没有，因为到了领导这个级别的人，他们能掌握和驾驭一些性格不那么和顺的人，懂得合理利用一个人性格中好的一面。

如果你遇到了性格很怪或者高傲难以相处的同事，不必害怕或者逃避，把他当做自己成长的一种磨炼。很多事情都是很奇妙的，你恐惧的一件事情，当你开始正视它的时候，恐惧开始慢慢变小。同样的，当你以同情心理解一个性格不好的人的时候，他就会慢慢变好。

好性格是伴随你一生的礼物

有一个故事，我常常想起来，也总用这个故事来回答很多人的问题。

有一个女孩写信给一位著名的主持人，讲了自己的一个经历。原来她帮妈妈把烤好的甜饼送到餐桌上，得到的只是一句“好孩子”的夸奖，而那个什么都不干、只知捣蛋的弟弟得到的却是一个甜饼。

接下来，这个孩子问这位主持人，上帝真的是公平的吗？为什么她在家和学校常看到一些像她这样的好孩子被上帝遗忘了。

孩子的这个问题让这位成年人苦恼了很久，因为他经常收到类似的信和提问，很多孩子问的问题基本上都是这样：为什么那些不好的人，仿佛并没有受到处罚；为什么一些好孩子，好像总是没有糖吃。

后来，恰逢他的一位朋友邀请他参加婚礼，他在婚礼上找到了答案。在婚礼上，牧师主持完仪式后，新娘和新郎互赠戒指。可能由于两个人过于激动，总之，在他们互赠戒指时，两人阴差阳错地把戒指戴在了对方的右手上。

牧师看到这一情景，灵机一动，于是对新人提醒道——右手已经够完美的了，我想你们最好还是用它来装扮左手吧。

突然，就仿佛一道光照进了这位主持人的内心，他反反复复地想这句话，理解了其中的奥妙，因为右手很完美，所以不需要再佩戴戒指了。同样，那些好孩子，之所以常常被忽略，不就是因为他们已经非常完美了吗？

后来，这位主持人从容地给孩子回了一封信，讲的就是做一个好人，就是上帝对好人最高的奖励。

据说这个内容引发了很多人的深思，当年甚至成为报纸争相转载的内容。

讲这个故事是为了告诉大家，如果你的性格非常圆满，那么就要用一颗圆满的心来与那些难缠的人相处。为什么呢？因为你已经得到了最好的礼物，那就是伴随你一生的美好性格，而一种不好的性格是伴随在另一个人身上的，这种坏性格如果改变不了，那是伴随他一生的，给他带来的麻烦，绝对比某一刻他给你带来的麻烦要多。

这么想想，也许你愤怒的内心会产生同情心，进而为搞好和他之间的关系作了一个铺垫。

对付怪性格，方法各不同

由于家庭背景、文化程度、兴趣爱好以及观念的差异，每个人的性格都会出现各种不同的情况，如何来应对呢？我们找出几个比较让人头疼的性格来分析和处理一下。

第一种，傲慢的人。

例如，当你的客户是一个傲慢的人，他认为自己是这个天底下最聪明的人。因为有工作的利害关系，而且凭你的力量也不大可能改变他。那么面对这种人的时候，你一定要掌握两个原则。

第一不要太不服气，和他对着干。第二不要太服气，比他矮一等。

要保持的唯一原则就是简短，长话短说，把一件事情简明交代完毕，直指关键几点就可以了。

第二种，固执的人。

说服固执的人，不但要靠态度，还要靠大量的准备工作。如果你们在争论一件事情可行不可行的时候，你总是用一些“我觉得”“我认为”“我想”之类的词，来和他沟通，那么你几乎没有胜算的希望，这样的人需要一些实实在在的数据、总结、严密的分析来证明，他才能接受。

第三种，沉默的人。

沉默的人未必是难以相处的人，在你渴望安静的时候，这样的人在你周围，将会给你最大的放松。但是如果平时总是两个人相对无言，似乎也有些尴尬。与这样的人相处，要懂得不要总是说自己感兴趣的事，如果你能挖掘出他所感兴趣的事，话匣子一打开，你会发现他的内心世界是如此丰富。

第四种，耍小聪明的人。

如果你周围有这样的人，他们总是关注别人的一举一动，并且总是热衷于探听别人的事情，这样的人一般都难有大作为和大发展，和这样的人相处，要知道只要温和而坚定地拒绝他们的打探即可。说他们小聪明的原因，就是因为他们虽然让人心里不舒服，却不会真的对你做什么具有威胁的事情。当然，如果你透露了一些不该说的信息给他们，那么你就危险了。例如当他们知道你的工资比他高的时候，他内心的地狱来临了，你的小麻烦也可能就来了。

第五种，外善内狠的人。

不得不说，这样的人一定要小心，不可因为他外在的亲善与他走得太近。因为这样的人具有一定的隐蔽性，当你刚开始接触他们的时候，他们是能说会道的，显得特别愿意帮助你，也显得很有境界。

但是万一你的利益和他们的利益发生碰撞的时候，这样的人不会像其他类型的人那么“碍于情面”，和你保持很好的态度，他们会立即翻脸，让你大吃一惊的。

所以和这样的人相处，的确非常有难度。对于你来说，最好的方法是在平常与他们的接触中，显得能力一般，说话直来直去。

当发生矛盾的时候，即使你不愿意，也要在他变脸的时候，采取同样变脸的态度，让他知道你也是“同道中人”，没那么好惹，他们对你才不会肆无忌惮地挑衅。

只交往一类人如坐井观天

从人脉这个角度来说，的确什么样的人都要打交道，只和同类性格的人打交道，是很舒服，但是人脉圈子就缺乏了丰富性，有可能导致见识狭窄，信息闭塞，坐井观天。

孙先生带领一个销售团队，他感觉自己的领导能力很强，大部分情况下团队能够上下一心、全力以赴地做事和高效地解决问题。唯一让他有点儿头疼的是下属小杨。

小杨常常与孙先生唱反调，例如，当孙先生看到行业中其他竞争对手搞起一些火热的促销行动的时候，他也准备模仿，来大干一场，给大家开会的时候，小杨跳出来质疑：“为什么别人这么做，我们也要这么做，我们的资金背景和他们一样吗？”

再比如，有时候孙先生要采取一些措施的时候，愿意引用古训，小杨也会提出质疑，他会问：“在一定的历史环境下，这句话是对的，现在环境不一样了，我们应该谨慎……”

久而久之，这个总唱反调的小杨让孙先生非常不高兴，后来找到一个合理的机会，孙先生就把小杨调去了其他部门。

小杨被调走后，头一个月，孙先生感觉如释重负，可没过多久，他反而觉得有点失落。他宣布一件事情的时候，再也没有人质疑，也没有人从不同的角度提供给他思路了。孙先生这才感觉，最安全的氛围往往最危险，那些抬杠的人未必是捣乱的人。

对于一名管理者来说，更不能随意偏好使用哪类人，而疏远哪类人。不同性格的人有不同的用法，一名抬杠的下属，可能会让你思考问题更全面、理性。

生活中也尽量降低自己个人的好恶，要学会与不同性格的人进行商业合作。当然，如果是选择生活中的朋友，那还是要选择性格好的人。成功时他们与你一起分享，挫折时他们与你一起分忧，他们能够与你共同分享生活的体验。

陌生接触力画下你的交际圈

他乡遇老乡，未必是幸事

我认识一位朋友，交往了很多年。觉得他心态非常开放，而且能和不同圈子的人打交道。我还发现，他这几年的长相也有了很大的变化，仿佛脸上就写着那种“你可以与我谈话”的感觉。

因为要写这本书，我找他聊天，他居然在我面前爆了个大猛料。就是这位开朗的朋友，居然在英国待了两年，这可真是我没有想到的，我们这一圈的人都知道他的英文水平，发音真是比从未出过国的人还要逊色。

他讲了年轻时期这样一段经历：由于家庭条件优越，所以很早就出国了。本来他的父亲想，去国外待个一年半载，见识一下不说，至少英文的能力会得到很大的提高。

他在不情愿的情况下出国了。出去之后，他发现语言不通的确是个麻烦，就当他为此苦恼的时候，他认识了一个老乡，老乡在英国的时间不短了，也结交了很多老乡，在互相介绍下，他和大家都熟悉了。

每次大家一起出去，一起活动，一起娱乐，语言的隔阂马上对他的生活不构成障碍了，他也不总吵着要回国了，“他乡遇老乡”让他体会到了很多的温暖。

不知不觉他在国外待了一年半了。有一天，他的父亲给他打电话，突然想到要考考他的英文，他露馅了，父亲非常愤怒，立即勒令他回国。

回国后，大家都知道他在英国待了一段时间，都以为他的英文应该还是可以的。很多不了解真相的亲戚就到他家给他介绍一些与英文相关的工作，几乎每次来人介绍一次工作，他就被训斥一番。

朋友并没有觉得委屈，他自己也觉得很难为情，这件事情给了他很大的刺激。他发现，一个人必须有独立面对陌生环境、与陌生人打交道的勇气。

同胞在异乡给了他熟人的感觉，让他过分地依赖，以至于想起在英国的时光，他就非常懊恼。居然跑到国外，什么都没有见识，又和同样的人接触。这段时光造成了记忆和经历上的极大的浪费。

后来这位朋友没有再给家人添麻烦，他成为书香门第的家庭中第一个做销售的人。回国后第一份工作居然从“扫楼”开始，别人把陌生人的拒绝和冷漠当做内心深处非常抵触的一种困难，他却把别人的拒绝当做一种刺激自己成长的挑战。

脚踏实地工作了两年之后，朋友的事业就有大起色了，他说，这样也算不枉费家人曾经对他的包容和付出了。

举这个例子是为了告诉大家，陌生接触力是一种重要的能力，你能对多陌生的人走出第一步，你的心理就有多强大，而心理的强大必然会让你的交际圈画得更大。

害怕的事越多，能做的事越少

曾经看到过有个女孩曾经做了一个大胆的举动，那就是在最浪漫的法国，在陌生的街头，轻吻陌生的男人。这件事情绝对具有轰动效果，这个女孩火了，甚至有很多人开始关注她，媒体争相追逐，从巴黎、柏林、伦敦到北京，电视媒体蜂拥而至，女性刊物争相要求专题报道，世界知名摄影师也在关注这件事情。

其实对于这个女孩来说，她也在克服内心的障碍，她对陌生的男子说："不知道有没有这个荣幸跟你邀个轻吻……我知道有点冒昧，不过，也挺有趣的不是吗？这百分之一秒的接触，就是个可爱的小插曲，如果你愿意参与，它将成为好玩的回忆！"

在她看来，从寻找目标到内心挣扎，寻找每个人都是一次考验。每一次考验则是人性的试炼与反复挣扎——会不会被拒绝，会不会搞得很尴尬，会不会对人不礼貌，还有这个人到底对不对——一连串的自问自答在说明，做这件事需要很大的勇气。

有人问她怕不怕？最让人回味无穷的一句话，她是这样说的——不怕，害怕的事情越多，能做的事情越少。

建设强大的内心

如果你现在鼓足勇气要和陌生接触了，要先建设你的心理。与陌生人接触，不要给自己太大压力，尤其当你有求于人的时候，不要有"一次拿下"这种不切实际的想法，也不要强迫自己一定要被别人喜欢。

如果心理压力太大，你太在乎别人是怎么看你的，你有可能感觉对方正在用锐利的眼神审视你，其实他并没有，如果误解了，你就会手足无措了。这会严重地影响与陌生人打交道能力的发挥，也给自己内心带来了很大的痛苦，其结局是越想好好表现，却越适得其反，到头来反而加重了心理负担。

你不妨通过一些行为来调整自己的心情，社会心理学家说过："人并不是因为害怕而逃跑，而是因为逃跑而害怕。人并不是因为伤心而哭，而是因为掉泪而伤心。"这是因为人在受到刺激而意识到身体的变化时，会引发恐惧、悲伤、愤怒的感情。懂得了心理的这些微妙变化，也就可以作出适当调整。

在与人初次见面时，如果步伐沉重，会更感到不安；如果步伐比往常轻快，可以缓解自己不安和紧张的心理，心情也能放松。

循序渐进与陌生人沟通

进入沟通阶段，要注意以下提醒：

第一要学会观察。观察他的装束，学会用什么样的姿态来接近他。例如，你看到他衣服的牌子基本上就可以判断出他的爱好，如果他穿运动的品牌，你大概判断出这个人喜欢放松的交谈；如果他穿的不是休闲的西装，而是很正式的西装，那么和他聊天可能要注意保持一种认真、正派的态度。

第二要注意信息的交流。你不了解对方，所以你就需要了解对方，如何让对方介绍他自己的情况呢？你需要先敞开自己的心扉。例如你可以先自我介绍，再去请教他的姓名职业，然后试探性地引出彼此都感兴趣的话题。毕竟对于一个陌生人来说，如果你不说自己的情况，就开始问他，他可能会认为这属于一种刺探，你可以通过聊自己的情况，来引导他。一般情况下，你在哪方面聊了自己的情况，他也乐意就这方面谈他的情况。

第三要注意倾听。几乎所有人最关注的人都是自己，关于自己的事情聊多少遍，都不会厌烦。在对方讲述过程中，一定要保持认真倾听的状态，不要随意打断别人说话，但应该及时地回应，例如你说："真想不到，你说的这一点太有趣了。"让对方觉得你很愿意听他的讲述并因此在第一次谈话时就感觉已经与你认识了很久。

第四要懂得回避某些话题。例如不要问对方的婚姻状况，因为有些人选择了独身，还有的家庭是由同性爱人组成的。此外，还有许多单亲家庭。每个人的婚姻生活都可能有一些独特性，为避免尴尬，不要轻易发问，除非对方主动提及某事的时候，你再给予回应。

第五要沉默淡定。当你从一个话题跳跃到另一个话题，或许会出现一段沉默的时间，当两个人都沉默的时候，不要对片刻的沉默慌张，必要的沉默是很正常的。

总之，接触陌生人的时候，要努力制造一种轻松愉快的气氛。在沟通的时候，要随时留心对方态度的变化。第一次同人谈话，要绝对避免同别人在任何问题上争执。不管是由于你，还是由于对方，只要引起争执，那就等于宣告谈话的失败，而且也可能就此宣告了你同他今后再也谈不到一起了。

给对方真正需要的东西

标准太高，找不到满意的人

有一个认识的人，特别生气地打来电话，说他公司的员工没有团队意识，问我是否认识一些好的培训师，能帮助员工建立正确认识，进而让员工把公司当成家。

我有点没想到他能这么想，坦白讲，就算全世界所有的书，所有的培训都在提倡员工把公司当成家，员工也不可能真的这么去做。

家给人的东西，公司永远给不了。家能够给一个人宽容，当你犯了错，家人能够原谅你犯的错误。但是公司可能吗？领导可能吗？即使不扣工资，也会被严厉批评；家人给予的温暖，同事给得了吗？家人希望你越来越好，但在同事面前，你太好了，就给他们压迫感；家给人放松的感觉，可以衣冠不整地躺着，公司给得了吗？一个人在公司代表公司的形象，着装都会有基本的要求。

所以，让员工把公司当成家，让一名员工下班后，不愿意和家人待在一起，就心甘情愿、快快乐乐地在公司加班，基本上是属于一种幻想。

一个公司想要好好地发展，要给员工真正想要的东西，有的员工需要发展，那就给他发展的空间，帮助他更好地成长自己，还有的员工想要更好的薪水待遇，那么就要给他一个合理的薪酬，明确地告诉他到达一个什么样的程度，就可以拿到更好的薪酬。毕竟发展和薪酬也是不矛盾的。

一个人只有给别人真正需要的东西才会被领情。

这个熟人还抱怨员工，说自己经常带员工出去唱歌、集体活动，现在不知道是不是把员工们惯坏了，现在的员工越来越不领情了。

我觉得也不是员工不领情，而是真的没有给到员工想要的东西。也许，你把娱乐消费的钱变成给员工的购物卡，他们更加能感受到愉快的感觉。

每个人都在自己的世界做王

当一个人的手下有很多员工的时候，要学会针对不同的员工制定不同的策略，不要试图让所有的员工都保持同样的姿势向前奔跑，甚至有时候不能强迫员工保持一种快速成长的状态。

有一次同学会，我们聚在一起，就发现很多老同学都变了模样，事业成功的人有自己的风采。还有的同学，尤其是女性，她们更多的是讨论老公、孩子，讨论家庭生活，她们对待工作是没有野心的。没有人有资格去评价别人的人生对不对，只要她们感觉幸福、满足就足够了。她们是自己世界里的王，仅仅是把工作当做生活中的一部分，即使有的女同学嫁的老公条件非常好，完全不需要她出去工作来养家，她们依然需要这一份工作，因为这会让她们除了自己的小天地以外，还和一个更大的世界发生关联。

工作对她们来说是什么？是只要不出错即可。你可以说她们没有雄心壮志，但是一个健康的社会是不需要每个人都充满雄心壮志的。而且职场中就有许多这样的女性存在，她们的温和，不争抢好斗，甚至她们的淡定，她们对自己的满足，也是一家公司稳固发展的基石。

对于公司来说，给这样的女性一些必要的尊重、必要的鼓励，就是她们最想要的。想想看，如果总是在她们身边喊“不想当将军的士兵不是好士兵”，会让她们多么反感。

需要他改的时候，他会改

很多人都会因为不了解对方真正的需求，在人际交往中面临很多问题，不用说陌生人之间的交往，就是家人也是如此。

我去一位同学家吃饭，在吃饭的过程中，有一个小细节，让我印象非常深刻。

她的孩子吃饭的时候，从来不吃葱、姜、蒜这类辛辣的东西。

当时，另一位同学就说了一句:“必须改变孩子的坏习惯，葱、姜、蒜对身体有好处，现在逼着他改了，将来长大了就没有什么问题了。我小时候也不吃，后来出来念大学了，和同学们在一起吃饭，才改过来。”

当时我这位同学，她真是位伟大的母亲。她说 :“不必强迫他去改，这又不是什么人格上的缺陷，我们大人到现在不也是有很多东西不喜欢吃就不吃了吗？营养的摄取是多方面的，不会因为不吃某一类东西就营养不良。况且，你现在改了，如果将来真的有需要他改的时候，他自然就改了。”

当时这一番话，让我真的感觉到一位母亲的细心。是的，孩子本来把吃饭当做一件愉快的事情，如果逼着他吃自己不喜欢吃的东西，看似对身体好，但是可能影响的是他吃饭的心情，再好的东西在自己不情愿的情况下吃到身体里，那都可能是引发不消化的毒药。

人际交往也是如此，很多时候，我们都在强迫别人接受我们的安排，强迫他们接受我们的观点。例如我们去大酒店准备了高档的饭菜，但是对于客户来说，真的可能就是一种压力，大家知道越高档的地方，筷子就越像是一种摆设。客户真正需要的不是你陪他吃饭，而是你能为他创造价值。

例如，我们对同事说了很多心里话，同事并不想听，他们真正想听的就是你工作经验的分享，因为他知道和你关系再好，你们也不能变成真正的朋友。所以我有时候常对一些疑惑的年轻人说，别总想着和同事成为好朋友，有时候，和同事成为最好的同事本身就是两个人关系最好的情谊。

例如，我们对领导说了很多问题，这些问题都是我们发现的，我们希望领导能想办法改变，但是其实你以为这些问题领导不知道吗？他需要的不是提问，而是建议。或者在公司发展的过程中，有时候必须要牺牲掉一些细枝末节的东西，因为你的职位和级别，所以你只能盯到一个小范围的问题，当领导不接受你的建议的时候，你还要固执地坚持自己的“忠言逆耳”吗？

例如，你的邻居并不喜欢你来到他的家中与他闲聊、搞好关系，也许他需要的就是安静和无打扰的环境，你的人情味有时候让对方并不领情。

……

生活中有许许多多这样的情况，我们不能过多地假设，因为我们必须通过观察别人的反应来确定自己做得对还是不对。总之，当你对别人说了一些话，或者共事的过程中，当对方没有出现你想要他出现的反应的时候，不要轻易地否定别人。也许，你需要从另一方面来反思自己——你是不是没有给对方他真正想要的东西。

当你有了这个思路，很多时候，只需要这样问一问自己，你就会发现世界美好了很多，人际关系也没有那么难以处理。

你为多少人，多少人为你

装得下越多人，越有影响力

你的世界里能够容纳多少人？

在职场中，一名领导的心里能装得下多少人，就会有多少人为他拼搏。

我们举个《西游记》的例子。这个取经的团队，虽然是虚构的，但是为什么大家都感觉非常真实？是因为它符合现实世界中的一些规律，给人们很多启发，例如这个团队最大的好处就是互补性，作为唐僧来说，他内心有大善，所以虽然总犯小错，但是还是有一定的凝聚力，大家愿意跟随。手下带的徒弟性格各异，还有很多小缺点，例如八戒自我约束力差、悟空心高气傲。但是总的来看，这个团队是个非常成功的团队，唐僧温和却不失领导的魅力，历经九九八十一难，最后修成了正果。

这个世界上的事情就是如此，你的心力、精力、时间花在哪里，是一定能够看得出来的。

有一位读者给我发邮件，讲到他的经历。他是国家重点院校毕业的大学生，在一家小公司工作了很久，能力也得到了很大的提升，最主要的原因就是他的领导太有魅力了。

他讲这位领导平时话不多，但是给人的感觉却是每一名员工都在他心里放着，他不放弃团队中每个人，哪怕是来实习的一分子。这位领导会定期和每个下属都进行沟通，把所有人说的话都记录下来。然后开始帮助协调解决员工所提出的工作方面的问题。

这位领导就是这位读者的偶像。这位领导除了和员工谈事情以外，基本上很少和员工一起参加活动，但是大家私下在一起的时候，从来不会因为领导不在，就说领导的坏话。因为大家感谢他自掏腰包请大家吃饭，并且他不在场就是为了让员工能更放松地沟通和交流。

更重要的是，别的部门的人常常苦恼于出现问题的时候，得不到帮助，他们的领导总是会说“你这个想法不符合公司的流程”“你这是破坏规则，我也没有办法”“你自己想要，就自己去争取吧，但如果上面问起来时，我就说我不知道这事”。

但是他的领导从来不这样，当员工需要他的时候，他总是会站出来，帮助大家解决问题。即使遇到他争取后也解决不了的问题的时候，这位领导也一定会说一些体谅员工的话，让别人在心里能够接受公司的决定。

这位读者提到的这部分内容很有意思，他提出的问题是遇到这么好的领导是继续在小公司工作，还是去大公司。

综合了他说的很多因素，我的建议是当一个人自身能力不足的时候，在哪里都是学习。如果现在的状态非常好，可以继续在小公司努力工作，但是到能够独当一面的时候，可以考虑进入大公司开眼界，掌握更多的技能。

对人好就是对自己好

从这个案例我们也能够看出来，一个人只要把别人放在心上，谁都会记得你曾经对自己付出的好。

你在工作的时候，认真做好手头的工作、脚踏实地的同时也不要忘记仰望星空，多学习他人的气魄。

例如，当你完成了一个工作的时候，领导找你谈话，你会怎么说？是一味地凸显自己，还是内心真正有那些帮助你的人。

千万不要邀功，向领导说你完成这个工作有多难，你有多么了不得，你比你的同事有多强。很多人心里只有自己，结果抱怨工作、抱怨同事，还可能趁机对公司提出很多意见。看似你很真诚，可是领导不这么看。领导会认为你是一个不懂沟通，背后爱打小报告的小人。

最好的表现就是夸奖和你一同合作的同事。为什么这样说呢？想想团队是谁领导的，就明白了这么说的好处，如果这样说，他会觉得你是一个很有团队感的人，很会尊重别人，会沟通。

在这里我要强调的一点，这并不是和领导沟通的标准答案。职场瞬息万变，每个人有每个人的情况，提出这一点不只是教会一个话术，而是提醒大家，要真的心里有别人。因为这么做不是为了高尚，而是有一定的必要性。

例如，当你对团队表示满意和感谢的时候，如果有一天，你们团队里某一个人在领导面前打你的小报告的时候，领导会对这个人产生反感和鄙视。这是人之常情，经常在领导面前夸奖同事，只会对自己有好处；说别人坏话的，只会给自己找麻烦。

细节暴露出你是否真实

举一个案例，一位朋友去谈合作，他要见的人是一个小有名气的公关策划人。

请大牌公关公司来做活动，根据他的预算，在资金方面是有困难的。为了省心省力，他准备了非常优厚的条件，与一家正在起步阶段的小公司谈这次合作。

他去了对方的工作室，开始的时候，两个人谈得非常不错。放松的时候，对方带他在工作室参观了一下，他看到了有面墙上贴有照片，就走了过去。

显然这面墙是对方最大的骄傲，贴满了这位公关策划人和其他名人的一些照片。这时，这名公关策划人走到了背后，说起了自己的经历。她说自己见过了哪些名人，哪些名人对她有很好的印象等大套话。

朋友问起了在这些活动中，她具体帮助那些名人做了哪些具体工作的时候，她岔开了话题。朋友心里开始有点不舒服。

到谈价格的时候，她谈的价格很高，这让朋友有点没想到。这位公关策划人旁敲侧击地说，她也是为了团队来争取一个“合理”的价格，团队里的每个人都如同自己的姐妹。这让朋友突然感觉索然无味了，朋友毫不犹豫地结束了谈话，马上离开了。

在整面墙的照片里，全是对方一个人和名人的照片。除了这类型的照片之外，其他的照片就是展现自己在各地旅游的照片，整个屋子弥漫着一种自恋的气息，整面墙写满的都是超级良好的自我感觉。所有的照片中，没有一张团队的照片。

这个人为自己最大化地争取利益，还要装作是为了下属着想，朋友觉得这就是侮辱他的智商。一个团队要靠领队者真心地尊重下属的劳动，心里真正地放得下别人，外在才会有真正自然的流露。

要把下属看成自己的伙伴，把这个团队的成员看做是帮自己，如果不这么想，和其他人之间的协作就谈不上互动。当你总是指派别人的时候，有谁能心甘情愿地为你工作呢？

不要以为别人是傻瓜，一个真正聪明的人，自己一定是俭朴的，一条毛巾可以用到破，一块香皂可以磨到完，但他知道赚钱是靠大家一起完成的。他会压抑住本性的自私来成全别人，成全自己的事业。

自亮，借光，照亮

借光照亮你的前程

先给大家讲个笑话。一位优秀的商人，有一天告诉他的儿子：“孩子，我已经看好了一个女孩子，我要你娶她。”儿子说：“我要自己决定自己的人生，我要自己选择喜欢的女孩。”

商人马上说：“如果我给你找的这个女孩是比尔·盖茨的女儿，你觉得怎么样？”

儿子马上说：“如果是这样，那完全没问题。”

在一次聚会中，商人走向比尔·盖茨，对他说：“我想帮您的女儿介绍个好丈夫。”

比尔·盖茨说：“我的女儿现在还没考虑这个问题呢。”

商人马上说：“我说的这年轻人可是世界银行的副总裁。”

比尔·盖茨说：“哦，如果是这样，可以考虑。”

接着，商人去见世界银行的总裁。

商人说：“我想介绍一位年轻人来当贵行的副总裁。”

总裁说：“我们这个职位已经有人了。”

商人说：“如果我介绍的这个人是比尔·盖茨的女婿呢？”

总裁说：“哇，那没问题，请马上来上班吧。”

事情就这样谈成了！

这是一个笑话，但是却显示了一个道理。

一个人拥有智慧、自亮，还要学会借光，这样才能照亮你的前程。

给大家讲个真实的案例，有个熟人就是这么操作商业合作的。他做的是房地产生意，他把生意分成了两个部分，一部分工作是拿地，另一部分工作是说服别人来建设房产。

他对投资土地的人说，房子肯定有人开发，你们出钱把地拿下来吧。再对另一批投资建设房产的人说，地已经没问题了，谈谈合作盖楼的事情吧。

当然这其中没有这么简单，他做了大量烦琐和辛苦的工作，但是把合作之中的原理抽出来，就是互相借光，来促成一个合作。

想要什么，先交出什么

商业社会就是这样，人们更加注重交换的价值，当一个人想要一样东西的时候，必须要交出来一些东西。

想想看，不是每个人都想做青年导师，如果一个年轻人坐在一位成功的商界名人的面前，提出了一些没有什么价值的问题，一般情况下，得到的只有对方敷衍的答案。

并不是因为人成功而产生的自我膨胀，而是当一个人成功之后，他的时间资源就更加宝贵了，他不再需要别人的追捧和赞美，他甚至不需要别人的感激和惊叹，他需要的就是做好手头的企业。一个心中有大事的人，很难注意这些细枝末节，还有可能让这个年轻人下不了台。

一定要了解自己，要先学会自亮，当你不断地了解自身，读你心灵的语言的时候，慢慢地你就了解了他人以及整个世界。

一个禅师走在漆黑的路上，因为路太黑，行人之间难免磕磕碰碰，禅师也被行人撞了好几下。他继续向前走，远远看见有人提着灯笼向他走过来，这时旁边有个路人说道："这个人太奇怪了，他明明是个盲人，看不见路，他却每天晚上提着灯笼！"

禅师也觉得非常奇怪，等那个打灯笼的盲人走过来的时候，他便上前问："你什么都看不到吗？"

盲人说："是的，我从未见到过光亮。"

禅师更加好奇，问道："你什么都看不到，走在路上的时候，为什么要提一只灯笼呢？"

盲人说："可是大家告诉我，到了晚上的时候，所有的人都是一样的，什么都看不见。"

禅师被深深地感动了，他说："原来你所做的一切都是为了别人！"

盲人笑着说："不是，我为的是自己！"

禅师迷惑了，问道："为什么呢？"

盲人答道："我是盲人，什么也看不见，但我从来没有被人碰到过。因为我的灯笼既为别人照了亮，也让别人看到了我，这样他们就不会因为看不见而撞到我了。"

这个故事很多人可能听过，我再讲一遍的原因在于，现在很多人觉得帮助别人是一件非常有美德的事情，我并不否认这一点。但是从现实的角度来说，帮助别人的意义并非如此，就像我们刚刚讲的，人要懂得借光，别人为什么肯借光给你，在你有光亮的时候要舍得给别人，这样做的目的也是为了自己好。

连接你的朋友，利人利己

我认识一个人，他不算是我特别铁的朋友，但是有一天他找到我，问我能不能帮他找个人，临时做个项目。

我联系了一位当老师的朋友。朋友和几个成绩不错的学生商量了一下，最后的结果是两方面的人都非常高兴。

学生找到了非常好的实习和实践的机会，他们非常感谢我，一定要请我吃饭，当然还是因为时间的关系被我婉拒了，我对他们说不着急吃这次饭，等工作一段时间了，我们再见面，聊一聊你们的心得。

这个熟人也找到了人来帮助自己解决了问题，他觉得我在关键时刻可以用很多的借口来敷衍和推辞，但是我没有。

朋友觉得我给他的学生提供了一个机会，重要的是他帮了我，而且还是一件他能游刃有余帮到我、还能够对他的学生产生好作用的一件事情。促成了这样的一件事情，收获了三方的感谢。

帮助他们就等于帮助自己，他们就从陌生人成为了我人脉库中的一个资源。

当然，我这里说到人脉库中的资源，大家一定要理解这其中的意思，并不是说将来我有事情的时候，他们就一定要如何如何回报我。

毕竟如果当我这么想的时候，我对他们的关系就有点变质了，我感觉成功的是，认识了新的面孔，也许看着他们的成长本身，就能够给我打开一个新的世界。

人们总是情不自禁地觉得自己帮了别人就应该有同样的回报，事实上当我们做每一件事情的时候，我们都会得到一种回报，只不过这种回报未必是以完全类似的形式出现。

例如，当别人创业的时候，你有余钱能够帮助到他，这个朋友创业的思路、想法、问题，他一定都会乐意与你分享，你也会得到另一份体验。

试问，有什么比一个人由陌生到熟悉，接着让你能够分享到用时间用生命换来的个人体验更重要的呢?

最后要说的一点是，我们不要为了借光而借光。

当你有了刻意的念头的时候，你的行动会显得格外的刻意，这个东西对方是能够捕捉到的。要在做事情的时候，合理地、自然而然地借别人的光，让这件事情变成别人对你的锦上添花，而不要误以为你生命中的哪一位贵人会主动对你雪中送炭。

在社交过程中，大部分的强者都喜欢强强联手，还有的人喜欢虽然不是那么强，但是有上升空间的人来交往。要注意两个方面的原则，不要总是惦记在别人身上，你还可以占到什么便宜，同时还要敢于展示自己向上的心意和公平的态度，这会帮助你借到很多人善意的援助之光，而这恰恰是成功者的重要素质。

敢于承认他人比自己强

寻找什么，你就会得到什么

三位同事在一起聊天，聊到另外一位女同事的时候，大家开始纷纷数落：

“她简直就不会做人，有一次，居然很直白地对我说，她想争取半年内涨工资。”

“她野心太大了，看见她，我就觉得快乐不起来。”

“她总是皱着眉头，好像随时算计谁。”

此时没有人说话，一种郁闷的空气开始扩散、蔓延。

过了一会儿，有人开始说：“虽然她有野心，但是能力也有目共睹。”

情况发生变化，其他两个人想了想，接着说：

“她这个人还可以，就是太直来直去了。”

“想来想去，她人还不错，毕竟上次帮我值班了。”

空气开始越来越纯净，所有人的呼吸不再那么紧张了。

一个人寻找什么就会得到什么，如果寻找的是别人的优点，就会发现别人的优点，进而刺激自我学习；如果他寻找的是对方的缺点，得到的就是烦恼和迷失。

承认还是否定，影响的是你自己

从这里我们看到，你是承认别人，还是否定别人，影响的还是自己的心态。放过别人等于放过自己。在不同人的眼中，世界也会变得不同。你用欣赏的眼光去看，就会发现很多美丽的风景；你心怀怨恨去看，就会觉得世界一无是处。

一只老鹰常常嫉妒别的老鹰飞得比它好。有一天，它看到一个带着弓箭的猎人，便对他说："我希望你帮我把在天空中飞的老鹰射下来。"猎人说："你若提供一些羽毛，我就把它们射下来。"于是这只老鹰从自己的身上拔了几根羽毛给猎人，但猎人却没有射中其他的老鹰。它一次又一次地提供身上的羽毛给猎人，直到身上大部分的羽毛都拔光了，猎人转身过来抓住它，把它杀了。

检查一下我们身上是否有这样的问题。当你刚要在社会上立足，还没有强大的实力的时候，我们必须为自己创造良好的环境，这也包括良好的心态。

网友的类型除了冷静成熟的人之外，另外两种大概就是粉丝和愤青了。做粉丝，你就会从你关注的人身上得到一些精神的鼓舞和力量，在这里，我甚至这样说，如果你是一名女演员的粉丝，哪怕她是个花瓶，你都会得到视觉上的美感，就这一点点的娱乐，就比做个愤青，天天骂人好得多。网上骂人通常都是非常狠的，会有一些我们平时想不到的刻薄话全部在留言中出现。

网友匿名发表这些资料的时候，他没有道德上的压力，所以他以为说一些尖刻的话，也不需要付出什么成本。殊不知，付出的成本很大，这些话破坏了一个人平和的好心情。即使谁也不知道是他干的，伤害还是会落在他心里。

拿创业来说，你怀着什么样的眼光来看周围，这一点影响你的心态，从而也会影响到事态。

一个人刚开始创业也是这样，如果感到四周险恶，恐怕就没有什么支撑他走下去了，反而是那种能够用善意的角度思考事情的人，承认同行的确有优势的时候，才能占据主动。例如承认对方的强悍，这样你就不会激怒你强大的对手。采取冒进的攻击手段以获得市场份额是非常危险的，应该与行业中的其他商家处好关系，他们不一定会扶持你，但起码应该能让你在行业中站稳脚跟，给你一定的生存空间。

曾经有两家企业就是这样，其中一家企业刚刚起步，本来大企业是完全可以通过抢占市场份额，或者强大的资源优势，把小企业打压下去的。但是小企业很有意思，动不动就打出口号，对媒体说自己一定要向那家大企业好好学习，这几乎成了它们的宣传语。

别人都向你学习了，别人都承认你强了，你握紧的拳头当然收了回去。

最后的结果就是小企业最终发展成熟，成了一家优秀的企业。

大企业做错了吗？其实也没有，有的市场是没有那么狭小的，当你的眼睛只盯着你的对手的时候，你当然看不到广阔的星空。正如上文讲到的例子，三个人在一起讨论的那个人，有野心没关系，只要她同时也有胸怀。如果兼具两者，就足以给平静如水的生活一些惊喜。

你变强大，烦恼会变少

当一个人愤青的时候，有可能就是搬起石头砸自己的脚。小李最忌恨同事小丁，小丁这个人特别会处理事情，在公司里上上下下都吃得开，这让小李非常恼怒。

他经常找借口来为难小丁，起初小丁通过鼓励和赞美的方法试图消除小李的敌意，但是非但没有效果，小李还变本加厉地找碴，小丁不得不另想办法。有一次，在一个业务处理的过程中，小丁就借口要更好地服务于客户，公事公办地写邮件，巧妙地汇报了小李的事情。后来，经过核实，很多人果然就开始说小李的缺点，久而久之，就再没人和小李主动打招呼了。

除了这个小事例，我还要给大家讲个生活中常见的故事，假如你的身边有个人比你强，强在哪里呢，强在他有个不错的背景，要明白，背景好不是他的错，如果你感觉这就算不公平，你走到哪里也不会遇到公平的事。职场人应该抓紧时间，提高自身综合素质和才能是极为必要的。

只有迅速地调整自己，接受现实才能更好地适应环境。如果你因为领导对他的偏心非常郁闷，开始发牢骚，比如你说“小飞就是因为家里和领导有关系，不然不可能得到领导的重视，领导太偏心了”。

这件事情发展的后果一定是，人都是趋利避害的，大家知道以后，非但不会为你说公道话，反而有可能因为你的这句话，努力修补和小飞的关系，让你更加被动和尴尬。

当你自己发展得越来越好的时候，你会发现你再也不会为这种事而苦恼了，当然也要告诉大家的是，每个人的生活都不轻松，关系户也并非你想象得那么愉快，他们也有自己的烦恼。职场中，往往谁抱怨得最少，谁就过得最好。只有能力越来越强，你才会发现值得抱怨的事情越来越少。

必要之时独善其身

自恋好过自卑

有的人性格中愿意取悦别人。可是生活中，不是每个人都值得你这么做，做人有亲和力，承认对方比自己强，不意味着要失去自我，你依然要有自己的性格。

就是那些最优秀的人，也不能保证自己总能令他人满意，他也不会总是被人群围绕。甚至有时候，越优秀的人，越显得不近人情，这并不是他们故意的。他们无意去惹恼身边那些在他们看来“平庸”的人，只不过无形中他们有这样的体会——“与一些安于现状的人交流，的确没有共同语言……”

也许你会说，这是不是有些自恋。其实做一个自恋的人，好过做一个自卑的人。

人在很多时候，要学会享受自我，让自己在安静中培养出一种良好的气质。这样的气质不会让你远离人群，只会让你在人群中懂得甄别谁才是你要找到的人。

为什么有的人只能做打工仔，而有的人却能成为企业家呢？除去运气因素，取决于人的悟性的高低。每个人的潜能都是相等的，这个潜能有多大呢？

这就要看个人独善其身的能力了，独善其身让你更加懂得自己的方向在哪里，更加懂得以后应该给自己的职场做一个自我管理。

你的弱会激发出别人的强

一位读者小丽给我发来一封邮件，她希望我能够把她工作了很多年才悟出的道理写给大家看。

小丽在公司里是一个非常和气的基层员工，她把同事关系看得非常重要，做人做事也非常有人情味。在工作中，她对同事的要求基本有求必应，也很少给同事添麻烦。

后来，她升职了，升职为部门领导的助理。工作任务发生变化的时候，她也感觉到了人际关系的变化。

她在公司预定了 1 号会议室，等到她去会议室的时候，发现另外一个部门的同事正在开会，她找到这个部门负责定会议室的小王，提醒小王应该去 2 号会议室。

小丽很温和、很诚恳地请小王让出会议室，小王不为所动，也没有让自己部门的人离开，而是对小丽说："既然我们都来了，你们就去 2 号会议室吧。"

小丽开始耐心地解释，自己已经通知了同事来 1 号会议室，临时改决定，无法及时通知。

她再三向小王道歉，请小王让出会议室。

最后，小王很不愉快地告诉她所在部门的同事："小丽不肯让出会议室，我们走吧！"

大家纷纷开始抱怨小丽不近人情，不懂变通，离开了 1 号会议室。

在这个案例中，小王本该说："我把大家带错了会议室，对不起大家。"

但是她很巧妙地把大家本来对她的不满，转移到了大家对小丽的抱怨上。

小丽对这件事情非常有感触，她工作了很多年，一直以为自己的人际关系处理得非常好，实际上，她发现自己还很青涩。

职场中的人际关系是门大学问。

很多员工的业务非常固定，与同事的矛盾本来就很少，会误以为职场很简单、很阳光，实际上并非如此。

一个不能够举重若轻化解矛盾的人，是没有什么资格说自己具备能够处理好人际关系的能力的。正如一个人牺牲了自己所有的利益来换得别人的认可，他是没有资格说自己很会处理人际关系的。

在职场中，一个人随着职位的上升，自身的发展，要做更多的事情，这个过程中，就会与别人产生资源上的争夺和利益上的抢占。

大到为自己部门抢夺下一笔发展资金，小到请别人挪出本该属于你的会议室。

这就有可能触动别人的利益。

当你触碰到别人的利益的时候，光靠温和、诚恳的态度是没有用的。

就拿上面的案例来说，小丽自身也存在着很大的缺陷。在这里我不得不说，这个世界上，别人对你的态度，其实本质上是你教给别人的。

有的人性格容易自卑，他把自己缩小化、弱智化、无辜化。

然后躲在一个角落，可怜兮兮的声音缥缈地告诉世界：别欺负我！

有句话说得好，社会如此现实，软弱给谁看呢？尤其在职场这个竞技场。

小丽触动的是小王的利益，一动会议室，就暴露出小王的工作出了问题，她早该料到无论自己态度多好，对方都不会被打动。最简单的方法就是，一开始就明确地表明自己的态度，不必对小王过多解释细节。

当人们在职场中交锋的时候，矛盾是不可避免的，当你要触碰别人利益的时候，解释变得非常多余。无论别人是对是错，你都不会得到别人真心的体谅。

这种情况下，就事论事才是最好的态度，你的解释只会把对方的强势勾出来，结果适得其反。

从这里我们还能看出来，好人脉不等于好人缘，毕竟人缘再好，与很多人也不过是点头之交。人脉是有效的、有力的一种资源，你若能够明白有些人注定不会出现在你的人脉网上，你就会轻松很多。

只有优秀的人才拥有有效的人脉，因为他们更加注重自身的质量，他们会在保护自己利益的基础上，让别人伤不到自己。他们也不会把自己变成受害者的形象，把自己的每一次“体谅”都变成“无原则”。一个人要学会控制自己的资源，让它在一定数量的基础上，保证质量的上升。

当你的能力越来越强的时候，自己越来越能够独善其身的时候，你会得到更多。你不再怕别人说你一些不符合事实的话，于是硬着头皮去做自己不喜欢做的事情。

毕竟，即使你有“乐于助人”的品性，你还要有旺盛的精力来消化和吸收自己的信息。承认自己能力有限，分清自己正在个人发展的哪一个阶段，你就会做事量力而行，悦己之后再悦人。

我们要懂得自己的水平还没有那么高，我们要通过学习先提高自己的水平，不要太高估自己处理人脉的手段，误把人缘当做人脉。

弱小之时，独善其身是美德

有些人，不是不懂，而是贪多，他们意识到自己一个人的力量过于渺小，想借助其他力量。这本身没错，但是要注意的是，千万不要能力越渺小，心越大。

要让自己的能力和自己的心成正比，当你发展越来越好的时候，你要认识的人越来越多，而不是停止发展自己，空洞地追逐什么。

有些资源很难瞬间获得，比如金钱、地位、名誉。然而有些资源却可以很容易从零开始，比如一个人的才华与学识。才华也好学识也罢，是可以通过努力获得的东西。

你没有资源的时候独善其身，是对自己时间的一种尊重也是对别人的一种尊重，当你已经有了资源的时候，你就会选择一些人来进行交往。越是肯为你花费时间的人，就越是看重你的人。同样的，当你把时间花费到另一个人身上的时候，相当于他已经通过了你的价值判断和考验。

学会在人群中保持一种独善其身的淡定和作风，你弱小的时候，独善其身只会让你做事更方便；相反，如果你试着要去取悦每个人的时候，你会发现自己总是遇到对自己不满意的人，到处都是你对不起的人，因为你忘了自己到底要的是什么。

在对方的地盘上建设

说服别人，摧毁不如顺应

无论是工作还是生活，我们总能发现自己需要学会说服别人。

如果我们一味地去说服，很难出效果。去摧毁一个人的固有的想法，对于成熟的成年人来说，这是对他思想的挑战，彻底地改变一个未成年人的想法都是很难的。我们要学会在不摧毁对方领土的基础上，建设一块你能影响到的阵地。

先来给大家举个职场中的例子。

小吴的老板给大家开会，组织周六、周日大家集体活动，说这样能够缓解大家近期的工作压力。

老板的脾气并不是特别好，当下属有忤逆他意思的时候，常常会当场给脸色看，不听任何人的解释。开会结束后，老板就对大家说了要举办集体活动，大家一听都很兴奋。老板接着对小吴说："安排一下拓展的地点。"

大家的精气神立即降下来了，因为一活动，就是做拓展，每次都接受团队教育，这哪儿是放松呢？小吴看到大家这次非常不客气，都没有鼓掌。小吴还是站起身表了个态，然后带着大家鼓掌。

老板走后，小吴就开始查找资料，他查了一个山清水秀，适合放松的好去处，于是把拓展地的资料和新选择的去处，打印了两份材料给老板送过去。送给老板的时候，小吴再次表示对老板的尊重，他感叹老板总是为员工考虑，掏钱让员工放松，他感觉在这样的公司上班非常幸福。

他接着说，拓展当然是很好的选择，只是每次回来大家都说很累，周一工作的时候，大家出现的情况就是周六、周日被拓展项目鼓励后，心头的干劲很大，但是四肢发酸，工作效率不高。

小吴说的话是非常有水准的，把他的每一句话掰开来分析，没有一句不是站在老板的角度来考虑问题的。

最后，老板象征性地翻了一下材料，毫不犹豫地说："就按你想的去做吧。"

当我们与别人发生矛盾的时候，要学会这样的一种方法。

先消灭对方的抵触感

一位做广告的朋友，常常说的一句话就是，别总想着让别人相信自己的东西是好的，要先看看现在的人们已经相信了什么，在这个基础上再想办法让人们的思想接受自己。

从本质上来说，这就是对别人的世界观的尊重。做广告如此，做其他行业也是如此。如果你做一个商品的销售，即使对方提出了非常不专业的问题，也不要在第一时间否定他。哪怕对方说的是，要买一瓶洗面奶回家好好地敷脸，你也不要迅速地打断她。

如果一个人买洗面奶，说："我把洗面奶敷在脸上 20 分钟行不行？"

你说："这是绝对不行的。"

说完这句话，估计这位顾客就该离开了。

你可以这样说："洗面奶在脸上敷 20 分钟，你想达到一个什么样的效果呢？"

对方可能就会解释她的原因，可能就会说："我想让脸洗得更干净，多在脸上待一段时间，会不会帮我的脸做更好的清洁？因为我的脸太油了。"

你还是不用否定它，你接着说："跟我来，我这里有一种产品叫吸油面纸，这个吸油面纸就能够把你脸上多余的油吸走。当然如果你还是想买洗面奶，我带你看另一款产品，不要在脸上待 20 分钟那么久，像平常洗脸一样洗，洗完之后，脸部皮肤就变得非常清透了。"

这样，你没有说一句嘲讽的话，照样能够把事情做好。

当你把一个人得罪了之后，再去补救是很难的。

这里还要对大家说的一点就是，很多嘲笑别人理解力差，不容易沟通的人，有时候也应该把问题想得更透彻一点。在这个世界上，每件事情都有答案，只不过你还没有找到解答的方法而已。

为什么要怒气冲冲地否定别人呢，你是否能够在引导中，心平气和地让对方彻底相信你，并理解你说的话呢。当你不急于否定的时候，当你有自信能够让对方改变的时候，就能够让自己的呼吸调整好，目光变得很柔和，对方会觉得自己被尊敬、被重视，得到了别人的肯定。他最初的不满、不安，以及对你的陌生感都会减少许多，从而慢慢接纳你，对于你说的话才能听进去。

毕竟在说服一个人时，对方一定会有某种程度的心理抵触，他所提出的主张与意见，不过是在为心理上的抵触寻找借口。如果抵触感消失了，这些借口也就随之消失，这是必然的结果。

给别人扎针，能治好别人的病吗

有的人天生就希望得到别人的肯定，得到这个肯定的目的会大于做事的目的。

我给大家举个例子，有位设计师就是这样，每当他给领导看设计作品的时候，只要领导表现出否定的意思，他就会拼命反抗，据理力争，保持自己的“风格”。

因为每次都这样，有一次对于一个不太重要的作品，领导也不想和他较真了，就对他说，你自己看吧，你的水平我是认可的，这个作品我没什么别的意见。

领导顺顺利利地同意了这件事情，但是他自己开始反思了，他觉得自己的作品并没有给领导带来惊喜，平淡无奇地通过没有什么意思。

当他对自己不满意的时候，他就开始对自己的产品负责了，他反复研究，最后重新做了一个非常不错的作品交上去。

这就是每个人心底可能都会有的“渴望别人认可”的心思，当这个心思被满足之后，他才能进入另一个更好的状态中去。

这也就是说，我们不要总是批评别人，而是应该多提些建设性的意见。

我以前就遇到一位很多人都评价无法沟通的同事，他坚持自己做的东西就是最好的。有一次，找他的时候，我先说我认为他的方案没有错，我只是有几个操作的具体的问题想请教，接着我就开始问了几个可能发生的问题，从始至终我没有提到他的方案不行，而是指出操作上有点难度。最后我说了我的计划，当然和他的完全不同。他当时听了，什么评论都没有，只说了句，让我想想。最后，他修改了他的计划，加入了我的观点。但实际上，他等于完全改变了自己本来的计划。

当我们在生活中针对别人的时候，我们最好想想，自己将要给人家的这种论断有助于解决问题吗？例如，当一个人知识积累不够丰富的时候，你是选择送他几本书，说“这就是我非常喜欢的书，希望与你分享”，还是要花一下午的时间，喋喋不休地指责别人不爱看书？

认真来想这个问题的时候，我们就会发现别人永远不需要我们的指责，所有人需要的就是一种真心诚意的帮助。

多做传播，口渴之前先掘井

钓到的鱼也要勤喂食

有太多的事情挤占我们的时间。电视、网络里有很多的娱乐节目都会让人们远离寂寞。大家有没有发现，当你关上电脑的那一刻，整个世界安静了下来，房间里空荡荡的时候，你就会感觉寂寞。

寂寞是好的，会帮你思考很多的事情，但是很多人不喜欢寂寞这位朋友，就又会打开电脑、电视。很多人还有这样的习惯，就是回家就把电视打开，不论电视里放的是什么电视节目，这都没有关系，重要的是一定要让这个屋子里有声音，自己就继续做自己该做的事情，电视机就一直在那里响着。

当朋友约我们的时候，我们常常又会觉得自己好忙，没有时间。我们听到了太多的杂音，却没有好好地和朋友说说话，听一听他们的声音。这样，再熟悉的朋友也会变得陌生，一段交往就会慢慢地冷下去。

曾经有这样的一句话叫做“钓到的鱼不用再喂食”，这迎合了很多人的心理，有了安慰自己的借口，大家可以说既然已经是朋友了，何必再去联系呢。其实，这种自我安慰的方法对实际的交往来说是有害的，一条小鱼你连鱼食都不去喂，怎么会长成一条大鱼呢？

不排除有的人生活真的很忙，即使是这样，没有事情的时候，也要给朋友打个电话联系一下，这样，一有事时，朋友马上就来帮忙。有事之时找朋友，大家都有过，无事之时找朋友，也一定不要忘记。因为人到用时方恨少，当需要一个人帮你的时候，你有没有发现他即使是你的朋友，你也感觉向他开口有难度。为什么？就是因为你会想，已经好久没联系了，过去有许多时候，本来应该去看他的，结果你都没有去，现在有求于人就去找他，会不会太唐突了？在这种情形之下，你不免有些后悔“闲时不烧香”了。

除了朋友之间，要保持有节奏的联系，在商业社会，我们每个人都是一个牌子，如何把牌子建成一个品牌，这是非常重要的。

把每件事打上自己的烙印

在职场中也是如此，哪怕自己是一名普通员工，也可以做出自己的特色，做出自己的品牌。大到每年岗位目标树立，小到每周部门例会汇报，都以自己的方式、逻辑、思维和体系来分析，将每件事情都打上属于你自己的烙印。自己出手的每个产品都有属于自己的特色，这样，你会让所有人记住你，影响力也会逐步释放。

老赵是一家公司的销售经理，他很喜欢上网，而且难得的是，他总是坚持写博客，在不泄露公司机密的情况下，他总是在博客中写自己经历的故事和心得。后来，他发现自己开始有了一定的影响力，跟帖和回帖的人越来越多，基本上只要是有价值的探讨和讨论，他都会一一回复。

这个点击量大的博客，虽然对大众来说没有影响力，但是在圈内人中还是很知名的，这个网络上的博客分享，很好地传播了老赵的个人品牌和个人魅力，大大促进了他业务的开展，人脉资源的延伸取得突破性的进展。

后来，在关注他的人中间有了一些有资源的社会人士，一来二去，他还和其中的一位朋友建立了很好的联系，后来还谈到了一个大项目的合作。

对方觉得正因为与老赵是在网上认识的，老赵不需要伪装和掩饰，他说的话和想的事情，都更贴近于他真实的内心，所以对老赵印象非常好。后来，两人见面后，在后期接触的过程中，他们发现彼此的价值观、爱好兴趣、处事能力都在一个层面上，合作的想法自然就产生了。

把影响力“变现”

美国营销大师菲利普·科特勒给品牌下的定义是：“品牌是一种名称、名词、标记或设计，或是它们的组合运用，其目的是借以辨认某个销售者或某类销售者的产品，并使之同竞争对手的产品区别开来。”

哪怕你不是一位明星，你也有自己的价值，有自己的价值就应该建立自己的品牌。在第一本《人脉是设计出来的》中我已经讲了很多的方法，这里要提醒的是个人品牌如何“变现”。

有的人虽然有个人品牌，但未必就能很顺利地将之转换为社会资本，这就要靠你建立个人品牌之前对自己的定位。比如，一个人建立的品牌是搞笑高手，古灵精怪，当人们对此形成一定的印象之后，再想打破就很难了。

正如一个医药的广告，总是要找一些口碑很好、形象偏严肃的人来代言。试想，电视画面上，一个很实事求是的人在告诉你这个药能够帮助你药到病除，就有可信度。换言之，一个人如果擅长娱乐搞笑，让他代言药品的广告，就让人难以信服。

我们是普通人，同样也要维护自己的牌子，当你在公司开会的时候，在你对整个业务系统，或者对别人做的事情并不了解的时候，就不要轻易发表意见。因为当你说第一次外行话的时候，别人未必会嘲笑你，但是如果你说了三次以上，大家认定你的话没有营养的时候，第四次你有再好的想法，大家也不想听了。要时刻维护自己的形象。

如何把一个人的影响力“变现”呢？这就需要了解自己适合做什么，把一个人脑海中的形象落地，落实到做事情上面，能真正地为社会增加一些价值，同时让自己有所收获。

例如，有一位名人，他开了一家咖啡厅，他的优雅和品位让自己成为这家咖啡厅最好的代言人，他在开展业务的时候自然就能够得到一些便利。

假如他具有很高的名气，很多人会考虑与他合作，因为在他的咖啡厅举办一些活动，可以邀请这位名人担任一些活动的主持人和嘉宾。

他的名气越来越大，生意做得越来越好。

这位名人，就这样把所有的资源盘活，让自己的形象得到最正面、健康、有效的传播。

以事为先，你可以与众不同

任何人都不要小瞧自己，你一定要把自己往品牌的方向去做。

我们不必抱怨自己没有钱，而是应该在抱怨没钱之前多做一些实实在在、具体有效的事情，这也就是口渴之前先掘井的意思。

很多人青春叛逆期的时候，往往是最具有特点的，他相信自己和别人不一样，闹着、喊着，证明自己与别人的不同，可最后还是殊途同归了。

其实每个人刚来到这个世界上的时候，都是与众不同的，只是慢慢地，随着时间的流逝，忘记了而已。一个人开始用别人的眼光来要求自己，用社会的统一标准来要求自己，并努力在这个标尺上寻找自己的位置，忘记了自己究竟是谁，忘记了自己的优势，忘记了自己就是与众不同。

从这个角度来说，人人都会做销售，只是风格不一样而已，人人都会做品牌，只是你是你自己的规划师。

要建立自己的风格，把自己当成个人品牌来经营，创造自己做事情的价值，帮自己建一个别人拿不走的身份，而不是社会价值下的职位。至于将来你在哪一个位置上都不重要，因为别人看重的是你的专业、你的风格。

先把你手上的事情做好，这就是抢不走的本事。

擦亮你随身戴的工作牌

外在的一切，就是你的工作牌

每个人都随身携带了工作牌，这个工作牌就是你外在的一切。

有一次，我和一位朋友一起去做运动、休息的时候，我俩随意找了一个地方喝茶、聊天。朋友在管理咨询方面很有经验，常会被人认出来。

当时就有人走过来了，与朋友打招呼。是一位刚创业不久的年轻人，看来遇到了不少的问题，模样很焦虑。

他问朋友是否方便聊一会儿，这位年轻人非常自律，还主动说不会耽误太长的时间，只需要朋友给他 10 分钟的时间，简单指导一下就可以了。

我表示没有关系，他们俩聊天不会影响到我。但是没想到朋友还是婉拒了，态度很坚决。朋友态度很好，他问了一下这位年轻人的办公地址在哪里，年轻人说了之后，我们觉得很有意思，因为位置离朋友住的地方很近。

于是朋友和他互相交换了名片，他告诉这位年轻人，下次他会亲自过去一趟，给他半小时的时间聊他想知道的问题。年轻人非常感激，就离开了。

走后，我就问了朋友这样一个问题："这个年轻人的哪个地方打动了你？"

他说："有困惑的年轻人很多，短短的接触，我没有感觉到他特别。"

我说："那我就非常不理解了，你不会对每个人都这样吧，你去企业培训的时候，培训结束，当学员问你问题的时候，你向来不就是立即解答吗？今天你还特意要了地址，交换了名片，还要花时间去找他，上门服务。"

听到我这么说，朋友笑了，他说："他问的问题肯定又是管理方面或者业务方面的问题，这种问题本来就不能随便回答，他是认真的，我就要对他的认真负责。你看今天我们两个人的状态，穿着休闲装，状态松散随意，在他心中就没有专业的形象，说出来的话如果他不当真，半信半疑，他就觉得我是随便说说，也容易就那么随便一听，还不如别浪费时间。"

朋友的话当时给我的印象非常深。的确如此，同样的话，不同的人说出来，显示出来的力量完全不同。同样的人，同样的话，不同的时间说出来效果也不一样。

聊一件事没有在合理的时间和合适的地点，也没有在一个人最合适的状态下说出来，的确有很多的不便。

与朋友的这次接触给了我很大的启发，他对于一件事情考虑的周密，也影响到我以后处理同类问题时的态度。

没戴工作牌，别去谈工作

如果你外在的形象气质不专业，就等于没有戴工作牌。没有戴工作牌的时候，最好不要做和工作相关的事情。

打造个性化的形象名片，很重要的一点就是要适合自己，不论是衣服还是发型、配饰，都应当与自己的职业气质相符，不要让别人觉得你手中的公文包是借别人的。

现在有种职业叫做私人形象顾问，其实商场中每个服装导购有时候也在充当这个角色，因为外表与你工作的匹配度越高，越有利于你的发展。从这个角度来说，形象设计这件事情不是明星们的专业，我们普通人也需要有这方面的审美和眼光。

很多高端人士都是如此，什么西装配什么颜色的领带是有讲究的，哪双鞋配哪条裙子也是固定的，这是工作和生活中的一部分内容。

为什么有的人给我们的感觉非常舒服，因为他们特别有眼缘，眼缘不在于一个人长相的美丑，而在于他的气质是否让你放心。工作中，对方穿的衣服越像他所要从事的工作，就越会让我们放心，感觉舒适。

有的女性求职者面试的时候，为了美丽，会穿柔美的长裙，长发披肩，在视觉上给人的感觉是非常美丽柔和的。但是面试官不会这么看，他看到这样的女性是会感觉很美丽，但是却因为过于柔美，让整个人看上去很不精神，于是很难想象这样的装束如何去挽起袖子，麻利干练地工作。一个在职场打拼的女性的着装必须符合她本人的个性特点、体态特征、职位高低、企业文化，等等。

如果女性能够展示出利落的一面，就容易博得好眼缘，同时又会给自己招来好运气。很多非常重视自己形象的人，慢慢发现这一点越来越重要，例如，他会觉得专业的形象让自己更加欣赏自己了，通过外表给自己带来发自内心的自信。

尤其对女性来说，好的外表会让你吸聚更多的人脉。如果你稍微留心一下，就会发现女性之间，聊得最多的还是衣服、裙子、如何做头发等，如果一个女性是一个很有品位的穿衣高手，其他的女性就会非常期待她的认可和指导，同时也就加强了与很多同性的沟通。

让自己看上去和职位匹配

我的一位女性朋友就越来越离不开她的生活助理了，她是个很强势也很有主见的女人，平时习惯于发号施令，但她对于自己的生活助理，完全是言听计从，毕竟在商业方面，自己是专家，而在形象方面，那位助理才是专家。生活就是这样，谁最专业，就应该听谁的。

这位女性朋友管理了大量的业务，她对助理也提出了自己明确的要求，那就是要对商业服装造型研究得更深入，直接来告诉自己怎么穿才更中性、更干练，能够传达这种感觉的衣服就是雪中送炭，至于是否美丽，那只是锦上添花的效果。

这位助理牢牢地把握了这样的一个原则，不得不佩服这位助理的能力。她除了拥有时装和造型知识，还需要精通心理学、领导学。这让她的工作做得非常好，以至于所有人一接触到我那位纵横职场的女性朋友，就会感觉到，这个人一眼看上去，就适合这个职位。

对于一个刚刚毕业的大学生，没有经济实力去聘请私人形象顾问，而商场中的服装导购也未必个个都会帮你选出适合你的衣服，所以，平时不妨多买杂志，多观察，多体验。有时候，最贵、最有名、最好的不一定是最适合你的。你要懂得去商场的时候，多逛、多看、多试穿，慢慢就能够在自己身上看出效果来。

并不是每个人天生就有品位，见得多了，实验得多了，自然就有了自己的风格。年轻的大学毕业生们，可以拿出一点时间关注一下自己的外表，既然你的心灵要完成从大学校园人到职业人这个转变，那么也请让自己的服装一起转变过来吧。

提高自我管理，换来信任感

管不了自己就管不了别人

生活中，我们总能遇到一些人，他们的观点，言谈都特别有影响力，这些人多半是自我要求特别严格的人。

给大家讲一个亲身经历。由于工作的原因，我要去见一位非常有名的女明星。去之前，我误以为她的名气来源于她的外表。当时是要去谈一件事情，我的准备工作尽量就是让我的谈话内容越通俗越好、越简单越好，不要说任何专业、艰涩的词汇。

我心里想，毕竟她是一位娱乐明星，靠着一个很不错的平台，偏偏运气又好，被很有名的公司看好，负责她的包装。

去了之后，聊了十几分钟，我就感觉自己想错了。这个女明星是非常有头脑、有智慧的人。她聊到一些营销话题的时候，使用专业词汇非常到位，而且没有丝毫的卖弄和做作，很自然，很内秀。

我这才知道她给自己的要求很高，无论生活多忙，每周一定要读一本专业的图书，翻看三本杂志，看一部经典的老电影，非常执著地执行着这个计划，已经有三年多。

为什么会有公司去把她推出来，推到幕前，为什么有特别有名的经纪人为她服务……如果没有她的积累，别人是不敢为她投资的。

她三年前做的事情，决定了别人对她的信任。她所拥有的自我管理的能力，让每个接触到她的人都对她有信心。

你了解自己，别人未必放心

一个人如果没有自我管理的能力是危险的，他管不了自己，在大事小事上不能够给自己做科学合理的规划，散发出来的气质就一定让人感觉到不踏实、不放心。

讲个朋友的例子。朋友是一家杂志社的编辑，有一次去采访一位名人，这位名人谈到了自我管理的重要性，有意思的是，他特意让朋友对自己说的话做了录音。为什么这么做呢？因为当时朋友的笔记本被这位名人扫了一眼，就被发现了严重的问题，笔迹有些潦草、随意。名人怕朋友后期工作的时候出现小问题，特意指导了一下。

我很了解这位朋友，他是很随性的人。在他看来，很多东西不用拿笔记，如果一个东西说完了你记不住，那么就是因为你听的这件事情并不重要，所以他总是随意地记录几个字用来提醒自己而已。

我能理解到这一点，我对他也很放心。但是当他第一次接触到一个严谨的、想事情不是这么想的人的时候，对方一定不会这么看。对方会觉得不踏实、不放心，这也会给自己带来小小的困扰。

你的视线能看到多大的范围

管理自己是每个人都要面临的重要的一课，一个能管理好自己的人才有能力管理别人。简单地举个例子，你能在一张纸上，写好你的工作流程和注意事项吗，你能在最短的时间说得清楚自己工作中的核心是解决什么问题的吗？这个问题在你的整个公司的流程运作之中占据一个什么样的地位？你能说得清楚你和同事的合作都分为几类、和不同的同事合作要注意什么不同的问题吗？你能说得清楚与你合作的同事，他的工作流程是什么，公司对他的考核又是什么吗？

……

提出这些问题不是为了为难大家，而是说，很多事情，我们对一件事情是在做,还是在用心做,效果是不一样的。你是否相信，如果你这些问题解答得非常好，同时你又能够在这个过程中，总结出真实有效的方法来解决每一个环节的问题，你真的又在这些问题上做得非常好，那你离升职就不远了。管理好自己的人，才能管理好团队，才能带好团队。

管理好自己并不难，从一些小事做起，就会让别人给你一份信任。当然，管理自己，也不能一成不变，要根据自己当下的情况来制定对自己管理的方向。

我刚开始工作的时候，对自己要求很严格，每当我约别人的时候，我都会提前到，就靠这一点，我给很多同事留下了很好的印象。大家很相信我，觉得我做事很积极，很热情。

后来有一次，当我去拜会一家公司重要领导的时候，我又提前到了半小时，没想到那一天就有点尴尬。因为到了管理位置的人，他们的时间没那么松散随意，他们要见的人特别多，于是我就在那里足足等了半小时，他在和另外的一个人在谈。

我觉得自己做得不好的地方是给别人增加了时间上的压力。如果我能对时间把控得更精准，就会显得更专业。发现了这一点之后，我对时间观念的认识就更加丰富了。

梦想也需要管理

除了做好时间上的管理，还要能管理好自己的其他方面。

例如，要提高自己做计划的能力。为什么很多人的梦想，再过十年，还是梦想。还有一些人有一个梦想，在一年之内就能变成现实。

况且有的梦想就是当下就能够实现的。有人说从小希望自己成为音乐家。这貌似一个梦想，离生活有点远，但是不意味着你不可以为你的梦想做点什么。

我有位朋友，她终于买回家一架钢琴，也做好计划了，每周都请老师来教自己弹钢琴。自己每天抽出多少时间练钢琴，她都已经规划好，相信她总有机会，也许是为来访的客人弹一曲，也许是在公司年会上有所表现。总之，一个计划总会让她行动起来，总会让她对现实有所改变。

对于工作也是这样，你有没有发现，在工作中，你有一个想法，你的同事也有一个想法，如果你不想让你的想法落空，你就要做一个计划，并且将计划进行到底。例如，你开始规划一步步怎么做，就如同大家都说好的创意能够移动大山，而做计划，并付诸行动，才能让你得到移动大山的推土机，也会让你变得和别人不一样。

在人际交往中，你还要管理好自己的私心。

随着经验的积累和丰富，我现在对名人的态度也发生变化了。头几年的时候，我每次见到一些名人都会让他们给我签个名，虽然没有人说我这样做不对，我自己也没有觉得这样做有什么不好。

直到有一次接触到了一位公关人，她见了很多明星，但是她一心都在一些活动上面，所以她从来没有要过签名，她说自己没有半点私心，是全力以赴地在工作。直到和她聊到这一点的时候，我才意识到自己是如此的不专业。

如果你不管理自己的私心，你就谈不上真正地服务于自己的工作，把工作结果当成自己唯一的目标，也就不是真正的职业人。

那些特别有名气的人为什么要见你，是因为你能为他创造价值，这才是见面的原因。从这个角度来说，两个人是平等的关系，如果你让他签名，那么，就这样一个小小的动作，宣告了你专业的职业形象的破坏。你不冷静、不职业，你的行为更像是一个粉丝的行为。

对方不会因为你喜欢他而不喜欢你，对方会因为你不职业化的态度而不喜欢你。管理自己并不难，要去做自己能做的事，做自己该做的事。

摸清了这件事的本质之后，无论见到多么有名、多么有能力的人，我再也没有做过那些节外生枝的事。而早年的那些签名，对我的工作没有任何帮助，那个签名本现在已经找不到了。反而，没有签名的一些人，对我留下了很好的印象，有的还有了私交，成了彼此欣赏、很不错的朋友。

让设计被自然地运用

根据你的目的选择方案

人脉不是松散的资源，不能完全靠自然，大家学会了原理和方法之后，要结合生活中的实际情况，进行一种自然的运用，不能生搬硬套。

与不同的人交往，要针对不同人的性格来制定策略。

这个策略无所谓是温和的态度，或者是严肃的态度，重要的是你不要忘记自己的目的是什么，哪一种方法更有利于完成你的目的，你就如何来操作。你想要赢得好感，就做有亲和力的沟通；你要与跋扈的人商量事情，就学会长话短说，控制情绪，思路不要被局限住。

在公司中，很多人拿捏不好自己和老板打交道的尺度。有个读者曾经讲了这样的一段经历：

他大学毕业，接触的第一位老板对他要求非常严格，所有的事情，必须事无巨细地汇报。别的部门同事都是以写周报的邮件来汇报，只有这个老板要求写工作日报，这让他精神非常紧张。

由于工作的原因，他跳槽到另外一家公司，他的第二位老板和第一位老板做事的风格恰恰相反，非但不要求汇报，而且当他事无巨细地反映问题的时候，老板总是很烦。总是说，有的事，你能自己解决就行了，不用告诉我。

第一位老板有事情的时候总是希望下属直接打电话，一通电话，就能把所有的问题当下解决。但是第二位老板有一次接到他的电话的时候，显得非常不耐烦。

他现在已经跳槽了，开始面对第三任老板了，他不知道如何做才是对的。对于性格完全不同的老板，究竟应该怎么处理呢？

其实，他每一位老板的性格都属于不同的类型，第一位老板应该属于控制型，希望下属接受自己的控制。

第二位老板属于充分授权型，他希望下属把问题解决好，而不是总烦自己。

第三位老板因为我的这位读者接触时间并不长，所以不能贸然下判断。

通过这个案例，大家能够感受到，人与人之间的确是非常不同的，性格、想法都是不一样的。就拿接打电话来说，不同的人情况不一样，有的人喜欢直来直去，有问题电话解决；还有的人，觉得别人打电话给自己很烦，毕竟当手机响起来的时候，带有一定的强迫性，这部分人当然希望你发邮件或者发短信过来，这样，回邮件或者回短信的权利就落到了自己的手里。

学会用非正式场合“汇报”工作

人与人的喜好当然不同，如果老板说，马上做一个表格，准确汇报工作流程，那他多半属于控制型领导。

如果领导说，你是最了解这个项目的人，你好好负责，这个老板就是一个希望放权和授权的人。

那么，当你不了解一个人的时候，如何与一个人相处呢？

例如上文，这位读者给第三位老板，应该用什么方式作汇报呢？

应该用一种很自然的方式把事情处理好。

一般情况下，所有的老板都希望让下属觉得自己是个非常信任别人又非常懂得授权的人。但是人之常情，授权之后，他们并不放心。为什么呢？事情是由下属做的，但是承担后果的人是老板，所以大部分领导希望得到下属的反馈。

但他们并不喜欢下属一副公事公办的样子来喋喋不休地汇报工作，毕竟当汇报完工作之后，所有的压力就到了领导的身上，他就要亲自对一件事情下判断，并对结果负责。

你一定要作汇报，但是作汇报的过程一定不要太中规中矩，可以采用一个非正式的方法来作汇报。

你可以在非正式的场合，与老板“碰见”，然后你可以聊起你的工作，给领导作一个非正式汇报，让他从中了解到情况，这样才能更好地帮到你。

很多时候，并不是你哪里处理得不好，只不过是因为你站得没有那么高，而且你的分量也没有那么重，所以有的事情加大了你的难度。这个时候，不要和自己的领导对着干，也不要觉得他就是添乱的、管理你的人，你要把他当成你的一个资源来使用。有的时候，在一件事情的发展过程中，甚至领导本人的出现都是对你莫大的一种鼓励，希望你可以从他处理事情、待人接物的能力上学到更多。

把自然的情绪引导到理性的地方

在和领导接触的过程中，一定不要总是用“请”“谢谢”“对不起”“不好意思”，有的领导喜欢这样尚且可以，但是还有的领导可能会觉得这样做有点假，会影响他对该员工的判断。

要注意客气也是要有分寸的，否则会适得其反。既然大家已经很熟了，更随便一些，展现真我才更好。

在商业社会之中，无论你有多简单，也不能一点都不懂心理学和职场的玩法，我给大家举个例子。

有一位做销售的朋友，做销售没有几年，特别善于总结，业绩完成得非常好。他有时候对我开玩笑说自己是一名演员，只是他演得非常自然，演的也是自己内心中真实的状态。

他在业内脾气不好是非常出名的，谈判超过三次的时候，朋友经常就会发脾气。有意思的是发脾气之后，用不了多久，有的项目就会火速再上一个新台阶，很少有公司会因为他发脾气而拒绝和朋友的合作。

因为朋友发现了，无论一开始，他给的价格有多低，对方的采购总感觉不满意，基本上总要谈上多次，有时候甚至是第五次、第六次的时候，朋友流露出不耐烦，或者烦躁情绪的时候，对方才能够对价格或者其他方面的问题作出一些让步。

这对朋友的启发特别大，整个交往的模式被他想明白之后，决定要采取策略来降低自己的时间成本。

于是，他第一次见面谈的价格再也不会虚高，谈上三次的时候，如果对方再完全不为所动，朋友就会有不满的情绪，这种情绪来得也是自然的，是给对方的压迫，同时，这也是朋友的一种非常好的策略。

现在他谈业务，基本上沟通三次就成交了，而且他的这种方法并没有给他带来任何负面影响。那些看到朋友的态度并不好的采购，不但不会动气，而且觉得朋友敢于发火，一定是把价格压低到极限了，因此大大提交了成交率，最后还给朋友的一句评价是“真是个有血性的人”。

一位成功人士不但会把情绪引导到理性的地方，还能够掌握情绪的规律，利用这一点，来更好地与别人合作。